Meinhard Rauchensteiner

DIVERSE TODE

Kleinigkeiten

Meinhard Rauchensteiner

DIVERSE TODE
Kleinigkeiten

Czernin Verlag, Wien

Gedruckt mit Unterstützung der Stadt Wien, Kultur

Rauchensteiner, Meinhard: Diverse Tode. Kleinigkeiten / Meinhard Rauchensteiner
Wien: Czernin Verlag 2023
ISBN: 978-3-7076-0793-2

© 2023 Czernin Verlags GmbH, Wien
Lektorat: Daniela Kocmut
Autorenfoto: Ingo Pertramer
Umschlaggestaltung und Satz: Mirjam Riepl
Druck: Finidr
ISBN Print: 978-3-7076-0793-2
ISBN E-Book: 978-3-7076-0794-9

Alle Rechte vorbehalten, auch das der auszugsweisen Wiedergabe in Print- oder elektronischen Medien

A

Diverse Tode

Nachts auf
der eisernen Brücke

Eines Nachts kam ich auf dem Heimweg bei der Aspernbrücke vorbei, welche den Donaukanal quert und den stolzen Namen eines Sieges über Napoleon trägt. Am Geländer stand ein Mann, dem es in der Dunkelheit anzusehen war, dass er im Begriff stand, sich, wie man sagt, in die Fluten zu stürzen. Ich weiß nicht, weshalb ich schlagartig diese Gewissheit erlangte, wahrscheinlich aber wohl deswegen, weil er auf der anderen Seite des Geländers stand und sich mit den Armen festhielt und schräg über das tiefgelegene Wasser ragte wie die Galionsfigur auf einem Dreimaster, welche Haltung für einen bloßen Passanten doch eher unüblich ist.

Was aber sollte ich tun? Da ich eher klein und schmächtig bin, wäre der Versuch, den Mann zu umschlingen und mit Bärenkräften über das Geländer zurück auf den Gehweg zu zerren, wenig erfolgreich gewesen. An Expertise in psychologischer Gesprächsführung fehlte es mir auch, sodass der Verzweifelte sich bei einem entsprechenden Versuche eher noch gewisser und schneller hinabgestürzt hätte. Aber ebenso schlagartig, wie ich die gefährliche Situation erfasst hatte, begann es schon aus mir zu sprechen und ich näherte mich dem Mann, während ich ihm von einem Gewinn in der Lotterie erzählte, den er nur noch abzuholen habe. Und siehe da, diese offensichtliche Lüge führte zu einem Zögern des gespannten Körpers, sodass ich ganz an ihn herankam, mich blitzschnell und kaum merklich bückte, ein Schuhband aus meinen Stiefeln mehr riss als zog, und den Mann mit seinem Fußgelenk am Brückengeländer festbinden konnte. Diese hilflose Rettungsaktion blieb jedoch nicht unbemerkt, und der Mann warf sich umso entschlossener mit aller Wucht in die Tiefe.

Zu seinem Leidwesen und meiner Freude gelang ihm die Ausführung nicht und er blieb recht hilflos und kopfüber zwischen Himmel und Wasser an einem dünnen Faden hängen. Da kam ein weiterer nächtlicher Spaziergänger auf uns zu, dem ich die Situation umriss, mit dem Gedanken, gemeinsam könnten wir den Unglücklichen aus seiner nun wahrlich misslichen Lage befreien. Stattdessen jedoch zog der Herr ein Messer aus der Tasche und schnitt die Schnur blitzartig entzwei. Überrascht und schweigend stürzte der Selbstmörder in den Kanal, wo sein Körper aufschlug und schon bald nicht mehr zu sehen war. Voll des Schreckens war ich unfähig, auch nur ein Wort zu sagen, das Messer in der Hand meines Gegenübers gemahnte darüber hinaus zu erhöhter Vorsicht. Und während wir einander ansahen, meinte der Herr, schon im Weggehen begriffen: »Man soll Reisende nicht aufhalten. Oft bleibt uns nichts als der freie Wille.«

Damit wandte er sich ab und ging seines dunklen Weges, wobei er nicht einmal hinkte.

Lisas Auge

Ich fasse mich kurz.

Schon in der Volksschule teilte ich mit Lisa eine Schulbank. Lisa war nicht sehr beliebt in der Klasse, das verband uns von Anfang an. Ich mochte mich nicht mit anderen prügeln, und sie hatte ein mechanisches Auge. Das linke. Wenn die Augenlider auf und nieder gingen, wie das bei jedem Menschen ganz automatisch der Fall ist, so war dieser Vorgang bei ihr nicht synchron. Das mechanische Auge ging etwas langsamer auf und zu und es machte dabei ein leises, metallisches Geräusch. Die Unregelmäßigkeit in der Bewegung konnte jedermann sehen und Spott damit treiben, das Geräusch allerdings hörte offensichtlich niemand sonst in der Klasse; nur ich, und es klang, als wollte man mit einem Nagel auf eine Fliese klopfen.

Mit anderen Worten: Ich war in Lisa verliebt. Und mein Entschluss stand im Alter von acht Jahren fest, dass ich Lisa heiraten und zur Frau nehmen wollte.

Nach der Volksschule besuchten wir gemeinsam das Gymnasium in der Kundmanngasse, wobei sich herausstellte, dass Lisa sich mehr für Literatur, ich mich, wie das bei Buben häufig vorkommt, für Technik interessierte. Das aber tat unserer Kameradschaft, denn nicht mehr war dies zum damaligen Zeitpunkt, keinen Abbruch.

Eine Komplizenschaft von Außenseitern, könnte man meinen, doch es war weit mehr als das und mit dem Anschwellen der Pubertät und der Öffnung hin zum Erwachsenenalter begann aus unserer Freundschaft Zuneigung und dann Liebe zu werden. Wobei, das muss ich erwähnen, Lisa nicht wusste, dass mir ihr Geheimnis bekannt war, wer weiß, vielleicht hätte sie sich von mir in dem Glauben abgewandt, ich wäre ihr nur aus Mitleid zugetan. Dem war aber nicht so, wenngleich ihr mechanisches Auge eine magische Wirkung auf mich ausübte, das muss ich gestehen.

Als es darum ging, eine Berufswahl zu treffen, wählte Lisa, wie nicht weiter verwunderlich, ein Studium der Vergleichenden Literaturwissenschaft, ich hingegen wollte Uhrmacher werden. Nur so konnte ich im Fall der Fälle Lisas feinmechanisches Auge reparieren, ohne dass diese körperliche Besonderheit publik werden würde.

Bereits während unserer Ausbildung zogen wir zusammen, zunächst in eine WG, dann in eine kleine Wohnung im wenig eleganten 15. Gemeindebezirk. Bald darauf, und noch während meiner Lehre und ihres Studiums, heirateten Lisa und ich. Wir wollten nicht warten, bis wir irgendwelchen bürgerlichen Kriterien für eine Ehe entsprechen würden, wir wollten uns möglichst bald und unverbrüchlich zueinander bekennen. Freilich, eine Hochzeitsreise musste warten und manch andere Annehmlichkeit des Ehelebens auch.

Aber so, wie ich mit dem Wissen um ihr Auge ein Geheimnis vor Lisa hatte, hatte sie eines vor mir: Sie schrieb Romane. Dies wurde mir erst bewusst, als sie eines Tages mit einem Buch ins Zimmer trat, auf dem ihr Name stand, und darunter: »Zeichen der Zeit«. Heute ist dieser Titel aufgrund des kaum vorstellbaren Erfolges, den ihr Erstlingswerk hatte, jedem ein Begriff, damals, als sie zu mir ins Zimmer kam, hatte ich jedoch, verständlicherweise, noch keine Vorstellung davon, was auf uns zukam. Ich war nur unendlich stolz und von Freude erfüllt, umarmte meine Frau und küsste sie herzlich.

Die kommenden Monate änderten unser Leben dann von Grund auf. Lisa hatte Lesungen, Signierstunden, Interviews, Auftritte im Fernsehen und dergleichen mehr. Ihr Roman verkaufte sich viele hunderttausendmal und meine Ehefrau war von einem Tag auf den nächsten ein Star.

Ich schloss indes meine Uhrmacherlehre ab und nahm mir eine kleine Werkstatt im 13. Bezirk. Dort gab es noch betuchte Menschen, die an ihren häufig geerbten Armbanduhren hingen und diese reparieren lassen oder in Schuss halten wollten. Das Geschäft ging so einigermaßen, und ich konnte von den Einkünften die Miete für die Werkstatt begleichen und ein wenig zum Lebensunterhalt beitragen.

Lisas Erfolg hingegen erlaubte es nach kaum zwei Jahren, dass wir aus der kleinen Wohnung ausziehen und uns ein bescheidenes Reihenhaus am Stadtrand kaufen konnten.

Wir waren beide glücklich über diese Veränderung, zumal meine Frau es liebte, in der Natur umherzustreifen, was durch die Nähe zum Wienerwald nunmehr wesentlich leichter geworden war. Zudem konnte sie ihre Leidenschaft für das Gärtnern ausleben.

Vielleicht ist es an dieser Stelle angebracht zu erwähnen, dass ich niemals eifersüchtig auf Lisas Erfolg war. Anders als bei vielen Ehemännern, deren Frauen erfolgreicher waren als sie selbst, empfand ich nie so etwas wie Herabsetzung oder Minderwertigkeit meiner Person. Ich hatte mich früh dafür entschieden, im Notfall für Lisas Auge Sorge zu tragen, das war in gewisser Weise meine Berufung und mir sinnstiftend genug.

Und nur zu rasch wurde diese Berufung schlagend.

Vermutlich nämlich durch das unablässige Lesen und Schreiben und die zunehmende Termindichte, die mit nicht geringem Stress verbunden war, verschlechterte sich Lisas Sehvermögen, und sie bedurfte einer Brille. Das war beim rechten Auge kein Problem und mit Arzt und Optiker rasch getan. Nicht und nicht jedoch wollte es gelingen, ihr mechanisches Auge zu korrigieren. Keiner der Spezialisten konnte sich darauf einen Reim machen. Und selbst als ich anfing, ihr heimlich in der Nacht, wenn sie felsenfest schlief, etwas körperwarmes Nähmaschinenöl in den Augenwinkel zu träufeln, trat keine Besserung ein.

Schließlich blieb mir nichts weiter übrig, als Lisa zu eröffnen, dass ich um ihr Geheimnis wusste und dass ich einzig dieses Auges wegen mein Leben und meinen Beruf ganz ihr gewidmet hatte. Und dass eine Reparatur dringend angeraten schien.

Ich möchte die Reaktion, die diese Offenbarung hervorrief, übergehen, jedenfalls brachte ich meine Frau bald darauf in meine Werkstatt, wo ich nach einer örtlichen Betäubung begann, das linke Auge zu zerlegen und auf seine Funktionstüchtigkeit hin zu prüfen. Auf den ersten Blick schien die Mechanik in Ordnung, die Scharniere gingen wie gewünscht, ganz tief in der Augenhöhle allerdings entdeckte ich Drähte, deren Funktionalität mir rätselhaft schien. Folglich begann ich, mich mit meinem Werkzeug und großer Geschicklichkeit der Augenhöhle von der Rückseite her zu nähern, musste aber erkennen, dass sich die Drähte dort immer mehr verzweigten und schließlich ein dichtes Netz bildeten, das für die Uhrmacherkunst unzugänglich blieb. Als es mir auch nicht gelang, die nun feinsäuberlich nebeneinander ausgebreiteten Stränge zuzuordnen, beschloss ich, im Elektrogeschäft nebenan um Rat zu fragen.

Der Rest ist bekannt, Ihnen durch das Studium der Akten, mir durch leibhaftiges Erfahren. Meine Herrn Geschworenen, hohes Gericht, ich ersuche höflich um ein mildes Urteil, ich habe Lisa schließlich geliebt.

Das erleuchtete Fenster

Das Sterben des Edwin Horak war ein hohes Fenster. Ein dottergelbes Sterben, ein Milchglas. In etwa drei Metern Höhe durchbrach dieses Fenster die in grobem Putz gespachtelte Mauer zum Nebenhaus. Jeden Abend saß ich auf der Terrasse meines Innenhofs und sah diese viereckige Sonne und wartete auf ihren Untergang. »Der Horak stirbt, der Horak stirbt«, die gassenseitigen Holzbänke des Dorfes hallten seit Tagen, seit Wochen von diesem Flüstern wider und waren so von Leben erfüllt, wie es eben nur der nahende Tod zustande bringt. Dort, entlang der Häuserreihen, wo sich die alten Weiber immer wieder zu unentwirrbaren Grüppchen verknoteten, war auch der Grund für dieses Sterben bekannt und viel besprochen, und wenn auch die Krankheit laufend und hustend sich änderte, konstant blieb, dass all das nicht anders zu erwarten gewesen wäre, ja lange schon erwartet worden war und eben genau so kommen musste, wie es nun gekommen war. Nur, dass eben das jahrelange Raunen dieser dorfumfassenden Kassandra in jenen Wind geschlagen worden war, der nach wie vor die trockene Erde durch die Straßen des Dorfes und in die Augen und Lungen ihrer Bewohner trieb. Es kann auch sein, dass in der Lagerhalle der Weinbaugenossenschaft bereits die Blasmusik an Trauermärschen probte, aber niemand im Dorf konnte das sagen, geschweige denn hören. Schon gar nicht der Horak, der, wenn er noch etwas hörte, sein Haus am anderen Ende des Ortes hatte.

Derweil saß ich da und betrachtete das leuchtende Viereck, als stünde ich vor dem weißen oder schwarzen Quadrat von Kasimir Malewitsch wie vor einer Ikone, deren tiefenlose Fläche ins Ewige weist. In diesen Wochen verzichtete ich auch darauf, eine Laterne oder ein Öllicht auf den nächtlichen Tisch zu stellen, einzig das Licht des Nachbarfensters fiel auf das Holz und auf mein Glas, dessen Wein die Farbe des Fensters in sich sammelte. Abend für Abend ging das so, während der Edwin Horak immer und immer wieder sich zu sterben abmühte. Er hatte darin wahrlich wenig Erfahrung, wie nicht anders zu erwarten bei einem Menschen, dessen Leben darin bestand, seinen Willen durchzusetzen. Eine so geartete Grundhaltung ist den feinen Schwingungen der eigenen Existenz gegenüber taub und steht ihnen, wenn die Stille zunimmt und sie dann doch hörbar werden, zutiefst ratlos gegenüber. Nun konnte niemand mehr sagen: »Wir haben schon Schlimmeres überstanden« oder: »Es wird sich eine Lösung finden«. Keiner der oft gesagten Sätze, keine Phrase, keines der oft angewandten Mittel wollte greifen.

In seinen aktiven Jahren hatte der Horak nämlich immer ein solides Spektrum von Problemlösern zur Hand, das von Bestechung über Einschüchterung bis zur Zusammenarbeit reichte – der heimtückischsten aller Waffen, wenn es gilt, über einen Feind zu obsiegen. Im Ort war der Horak folglich auch bewundert und gefürchtet, wenngleich sein Geschäftsfeld fernab des Dorfes im Wiener Wurstelprater angesiedelt war. Er hatte sich dort ein Monopol auf Tischfußball und Flipperautomaten erworben, also erarbeitet, also erkämpft, was ihm neben einem beträchtlichen Einkommen auch den Ruf eines Glücksspielkönigs eingebracht hatte, ungeachtet der Tatsache, dass es sich bei diesen beiden Vergnügungen keineswegs um Glücksspiele handelt. Den Horak störte das keineswegs, er konnte zu Hause wie in den unterschiedlichen Etablissements gut damit leben, denn der schlechte Ruf bringt gute Geschäfte und bessere gesellschaftliche Stellung.

Solcherart wurzelte seine Persona in tiefem Selbstvertrauen und er brachte dies mit einem schmalen und goldverzierten Lächeln zum Ausdruck, das zusammen mit der behaarten Goldkette, die bekreuzigt seine Brust schmückte, bald zu seinem Markenzeichen geworden war.

Umso verblüffender muss es für dieses Bild von Mann gewesen sein, sich gleichsam über Nacht in das Leintuch der Ohnmacht gehüllt zu finden, auf eine Schräge gedrängt, wo es nichts zum Anhalten gab und die er nun stückchenweise bis ans Ende sich rutschen sah.

Die Abende wurden kühler, aber immer noch saß ich in einer mir selbst nicht erklärlichen und auch wenig gegenwärtigen Regelmäßigkeit abends auf meiner Terrasse. Der wilde Wein an der Hofwand wurde gelb und rot, und eine klamme Nässe kletterte von der Wiese her auf die Steinplatten. Das Gelbe des Fensters sah mich unvermindert an, warf den Schein eines fremden Sterbens auf mich, blieb dabei aber immer in diese Mauer gefasst und gehegt. Es griff nicht über, es war da, aber nicht meines. Was nicht verhindern konnte, dass die Intensität des Lichtes zunahm, dass dieser von einem Zimmermann und einem Glasermeister zusammengefügte Stern heller und heller wurde, bis er meinen ganzen Garten gleißend ausleuchtete, als würde im Gefängnishof ein Häftling gesucht. Alles strahlte. Eines Nachts ging dies so weit, dass ich keinen Vorhang mir denken konnte, der so dicht gewoben wäre, als dass nicht dieses durchdringende weiße Gleißen tief unter die Augenlider hätte dringen können. Schlaflos fuhr ich aus mir selbst heraus und schwitzend in etwas, das, im Rückblick betrachtet, jedenfalls nicht ich war. Dann ging ich auf und ab und im Hof umher, unerbittlich von diesem blendenden Scheinwerfer in mich und meinen Schlagschatten geteilt.

Irgendwann fiel ich im Holzschuppen, in dieser Zelle, in so etwas wie Schlaf.

Tags darauf war der Edwin Horak tot. Ich erfuhr es erst später, obzwar sein Nachbar, ahnte es aber schon, als ich kein Licht mehr aus der ockerfarbenen Hauswand dämmern sah. Ich wusste es als Erster, erfuhr es aber später, erst, als die Weiber der Straße ihren flüsternden Jubelchor in ein »Der Horak ist tot« variierten.

Der Rest ist rasch erzählt. In drückendem Nebel fand das Begräbnis statt, die Schaufel Erde ward rasch in das dunkle und tiefe Viereck des offenen Grabes geworfen, die Blasmusik spielte wie eingeübt und schließlich gab es den kirtagsgleichen Leichenschmaus, der just in der Genossenschaftshalle stattfand, wo die Blasmusik nach offiziellen Angaben nie gespielt und nie geprobt hatte.

Während die Schnitzel oder wahlweise das Gulasch gebracht wurden und ich noch an meinem Begrüßungsgetränk nippte, trat eine mir unbekannte Frau zu meinem Tisch und sagte in einem klaren und inmitten des raumgreifenden Lachens und Weinens doch sehr direkten Ton: »Ich danke Ihnen, dass Sie meinen Mann in seinen letzten Wochen begleitet haben.«

Dabei hatte ich nicht einmal gewusst, dass der Horak verheiratet war.

Letale Entschuldung eines Gemeindebediensteten

In unregelmäßigen aber verlässlichen Abständen werden aus Wiener Gemeindebauten Fernseher geschmissen. Nicht etwa aus Rohheit oder einer diesen Häusern unterstellten Unkultur wegen, sondern stets im Zuge aufwendig ausgetragener Diskurse, wenn eine Pattstellung der Argumente eingetreten ist, und die Situation aus dem Sprachlichen heraus ins Objekthafte drängt. Dann windet sich gerne ein Fernseher durch das offene Fenster, oder nimmt, zumal in kälteren Jahreszeiten, den Weg durch das geschlossene. Früher, noch vor wenigen Jahren, als die vorherrschenden Geräte über eine Fernsehröhre verfügten und das Format von Übersiedlungskisten aufwiesen, erfreute sich dieser Ausdruck innerfamiliärer Diskussionslust einer großen Fangemeinde, welche sich denn an Wochenenden in den Höfen der Wiener Gemeindebauten zusammenfand und in Ungewissheit und innerer Spannung auf ein derartiges Ereignis wartete.

Seit dem Siegeszug des Flachbildschirmes ist diese Gruppe treuer Anhänger stark zurückgegangen, stellt doch das abrupte Ineinanderschieben von Flüssigkristallen nur eine Verfallsform dar, verglichen mit dem barocken Spektakel des Zerberstens mächtiger Glastuben.

Als daher am 18. August 2018 ein Fernseher aus dem sechsten Stock des Chopin-Hofes im Zweiten Wiener Gemeindebezirk flog, gab es niemanden, der dies akklamiert oder nur beobachtet hätte. Auch wäre es heute kaum der Erwähnung wert, wenn nicht das herabstürzende Objekt den Obersenatsrat Wawrik auf den Kopf getroffen und auf der Stelle getötet hätte. Dieser selbst für Gemeindebauten ungewöhnliche Umstand rief die Behörden auf den Plan, gerade auch, weil der Obersenatsrat stets gute Beziehungen zu den Ermittlungsbehörden unterhalten hatte. Diese stellten zunächst fest, dass neben dem Beamten auch ein steinernes Kamel zu Schaden gekommen war, das neben der winzigen Grünfläche des sonst verkehrstechnisch exponierten Gebäudes irgendwann zur Erbauung der Bewohner erbaut worden war. Sein Maul und wohl auch sein vorderer Höcker waren stark in Mitleidenschaft gezogen, was sowohl dem fallenden Objekt wie auch dem bestürzten Subjekt zur Last gelegt werden musste. Das strafrechtlich relevante Delikt des Vandalismus konnte in diesem konkreten Fall die detaillierten Umstände nur ungenügend berücksichtigen, weswegen es nicht zur Anwendung gebracht wurde.

Die Tatverdächtigen für den Fenstersturz – es gilt die Unschuldsvermutung – waren rasch ausgemacht und bestätigten in einzeln durchgeführter Befragung, dass sie ihres Fernsehers verlustig gegangen wären, ja, dass sie beide zum fraglichen Zeitpunkt sich in der fraglichen Wohnung, die unzweifelhaft die ihre war, befunden hätten. Mit dieser Erkenntnis allerdings war das Ende der Beweislage, die sonst als erdrückend hätte gelten können, erreicht. Denn weder war, bei einer Begehung vor Ort, die zarte Frau in der Lage, einen Fernseher in der geschmissenen Größe heben oder gar tragen oder gar werfen zu können, noch konnte dies von ihrem im Rollstuhl sitzenden Gatten glaubhaft angenommen werden. Und da es sich bei dem Opfer um einen Beamten handelte, konnte höhere Gewalt ausgeschlossen und der Akt damit nicht abgeschlossen werden.

Im Zuge eines erweiterten Ermittlungsverfahrens schließlich gelang es den Behörden dennoch, Erstaunliches zutage zu fördern. Es fand sich nämlich in den Unterlagen des

Obersenatsrates ein Abschiedsbrief rezenten Datums, worin dieser handschriftlich kundtat, sich aufgrund uneinbringbarer Schulden vom Dies- in das Jenseits befördern zu wollen und zu diesem Behufe gedenke, seiner einstigen Leidenschaft wieder nachgehen zu wollen, die im Warten auf gemeindebaulich geschmissene Fernseher bestand, um sich selbst im Zuge einer solchen Aktion zum Ort des Aufprallens zu machen. Zur Erläuterung waren diesem Schreiben Fotografien aus früheren Jahren beigefügt, die geborstene Fernsehgeräte im Karl-Marx-Hof, dem Friedrich-Engels-Hof oder dem Lasalle-Hof zeigten. Auf einer der Aufnahmen war der Flug des Objektes selbst noch dokumentiert, dieses Bild war denn auch mit einem Passepartout versehen. Zudem fand sich ein ebenso rezenter Auszug eines der nunmehrigen Witwe des Obersenatsrates Wawrik unbekannten Kontos, das einen Ausstand von sage und schreibe 120.000 Euro aufwies. Wie das gekommen sein kann, wusste niemand und es ist hier nicht der Ort, das für diese Fahrlässigkeit zuständige Geldinstitut zu nennen – derartige Indiskretionen haben in den Ermittlungsakten den ihnen angemessenen Platz gefunden.

Und so fand diese seltsame Geschichte ihr gutes Ende: Die diskussionsfreudigen Eheleute waren von jedem Verdacht freigesprochen, der Witwe blieben von ihrem Seligen immerhin noch die Schulden, und auch die Behörde konnte den Akt ad acta legen, wo er bis zum Jüngsten Gericht ausharren möge. Wie selbst nun der Fernseher tatsächlich die Wohnung im sechsten Stock des Chopin-Hofes durch das Fenster verlassen konnte, dieses kleine Detail wird die Zeit klären, schließlich ist diese die Mutter der Wahrheit.

Ein Dorf

Es war solch ein Ort, in dem die Straßen, die Wege, Plätze und Gassen nach Blumen benannt sind. Vom Akeleiweg bis zur Zederngasse, von Alpha bis Omega, war alles durchdekliniert.

Manch einer könnte meinen, dies wäre dem Frieden geschuldet gewesen, der wie eine Dunstglocke über dem Dorfe lag, tatsächlich aber lag es an der zur Perfektion getriebenen Ereignislosigkeit, die diesen schönen Flecken Erde fest im Griff hatte. Bog einmal fast zögerlich ein Auto um die Ecke, so war dies ein Geschehen, das in der Ortschronik festgehalten werden wollte, nur eben, dass noch nie ein Auto um die Ecke gebogen war, weswegen es auch keine Ortschronik gab.

Dennoch war vor Jahren ein Kreisverkehr errichtet worden, der zwar unbefahren blieb, immerhin aber dem Bürgermeister die Wiederwahl als tatkräftigem Oberhaupt der Gemeinde gesichert hatte.

Zur Zier des Ortes zählte auch, dass am Rosenweg Rosen blühten, in der Malvengasse Malven und in der Weidengasse Weiden wuchsen. Im Orchideenweg fanden sich die namengebenden Pflanzen mit weißen und violetten, mitunter auch vom Dorfverschönerungsverein lobend erwähnten gelben Blüten, in den Fenstern zur Straße hin, davor schliefen die Wiesenstreifen wie stillgelegte Gräber. Nur am kleinen Fichtenplatz wuchs keine Fichte. Dort wuchs ein Lindenbaum.

Dort aber wohnte auch der Dorftrottel.

Mehr Begriff als Figur, Bezeichnung als Person, wusste niemand so recht etwas über ihn zu berichten. Was er denn so trieb, den langen, lieben Tag, wovon er denn sein bescheidenes Leben bestritt – kein Stückchen Fleisch der Vertrautheit wollte an diesem Knochen haften. Einzig, dass vor seinem Haus, wider das Wort, eine Linde wuchs, war Aussage zu seinem Dasein.

Die Bewohner des Ortes litten unter dieser pflanzengewordenen Idiotie, deren Ursache ihnen nicht ergründbar, jedoch ein Rosendorn im sonstigen Behagen des alltäglichen Dahindämmerns war, was schließlich nach Jahren des Unwohlseins dazu führte, dass sich der Gemeinderat der misslichen Lage annehmen musste.

Einige meinten bei diesem Anlass, man könne doch den Platz, an dem der Dorftrottel wohnte, in Lindenplatz umbenennen, dann wäre alles wieder im Lot, wogegen jedoch gleich zwei nicht von der Hand zu weisende Argumente ins Treffen geführt wurden: Zum einen wurde moniert, dass der Fichtenplatz nun einmal Fichtenplatz heiße, was wohl seine berechtigten Gründe haben und eine Umbenennung folglich ausschließen würde. Man ginge ja auch nicht her und würde jemanden, der Peter genannt worden war, so mir nichts dir nichts Kurt rufen, zumal sein ihm gegebener Name eben Peter war. Zum anderen hieß es, dass es wohl nicht anginge, dass ein Einzelner der Dorfgemeinschaft seinen Willen aufzwingen könne, denn nicht anders müsste eine derartige Umbenennung eingeordnet werden, da dies in fast zwingender Weise das Ende der Gemeinschaft ganz generell und damit ihres Zusammenlebens hier im Ort einläuten würde. Wesentlich anderweitige Vorschläge wurden in der Sitzung nicht vorgebracht, weswegen man zu Protokoll gab, die Angelegenheit bei anderer Gelegenheit weiter verfolgen zu wollen.

Sich diese Versammlung zu vergegenwärtigen, bedarf es einiger Phantasie, wenn dies denn überhaupt möglich ist, denn die Dorfbewohner hatten sich im stillen Karussell der

Ereignislosigkeit eine Sprache angeeignet, die dem Zustand ihres Gemeinwesens entsprach, weswegen jeder Satz eine Tautologie bildete. So wurde das oben erwähnte Argument auch wie folgt vorgebracht: »Der Wille eines Einzelnen kann nicht über dem Willen der Dorfgemeinschaft stehen, da der Wille der Dorfgemeinschaft über dem Willen des Einzelnen steht.« Auch sagten sie etwa: »Die Hitze rührt vom Sommer her«, oder: »Wenn wir die Flasche austrinken, ist sie leer.« Oder, seinerzeit bei der Einweihung des Kreisverkehrs: »Der Kreisverkehr ist schön rund geworden.« Oder: »Was es wiegt, das hat's.« Oder: »Wenn's gut wird, wird's gut.«

Und so rund wie der Kreisverkehr war, so fest blieb auf dem Fichtenplatz ein Lindenbaum stehen, sehr zum Unbehagen der Bevölkerung. Wer konnte, mied den Platz, schließlich verfügte der Ort über schöne Möglichkeiten des Verweilens und Begegnens abseits solcher Disharmonie.

Dieselbe aber wuchs eines Morgens, als auf dem Kirchenvorplatz zwei Parkbänke dastanden. Sie waren abends zuvor noch nicht dort gewesen, das wussten die Dorfbewohner genau, die sich mehr und mehr um diese wie Meteoriten hereingefallenen Objekte sammelten. Schließlich erschien auch der Bürgermeister, der nach eingehender Inspektion zu dem Schluss kam, dass ein Problem vorlag, insoferne nämlich als der Kirchenvorplatz kein Park sei, die Parkbänke infolgedessen der Homogenität des Ortes widersprächen. Es gab in Folge ein Schnattern und Husten und Räuspern und Tuscheln und nicht selten hörte man den Namen des Dorftrottels, der als Urheber dieser Ruhestörung vermutet wurde, bis die Stufen der Kirche hinab der Pfarrer stieg und in seiner nur der Geistlichkeit eigenen Mischung aus sophistischer Klugheit und Autorität des Amtes kundtat, dass in den Archiven der Pfarre ein Dokument sich befände, demzufolge der ursprüngliche Bebauungsplan des Areals eben hier den Kirchenvorplatz als Park zu Ehren der Heiligsten Dreifaltigkeit ausgewiesen hätte, weswegen er anrate, den Kirchenvorplatz binnen weniger Wochen in einen Park umzugestalten. Er selbst, der Pfarrer, werde mit Hand anlegen und kein Schaf müsse fürchten, vom Wolf der Ungereimtheit aus dem Schlaf oder gar Leben gerissen zu werden. Der Herr sei der Hirte, der Kirchenvorplatz bald ein Park, denn man könne nicht tiefer fallen als in Gottes Hand.

Und wenngleich niemand die blumige Rede des Pfarrers so richtig zu deuten wusste, war klar, der angerichtete Schaden konnte behoben werden. Und tatsächlich hatte binnen Monatsfrist die örtliche Gärtnerei, unter tatkräftiger Mithilfe der Bevölkerung und pastoraler Supervision des Pfarrers, den zuvor asphaltierten Platz in einen Park samt Spielplatz verwandelt, zum Gaudium der Kinder und zur Zufriedenheit der Eltern und des ganzen Dorfes.

Alleine der Frieden währte nicht lange. Gerade einmal so lange, bis eines Morgens vor dem seit Jahren leerstehenden Heustadel das Hinweisschild »Feuerwehrausfahrt« entdeckt wurde. Die Aufregung darob war groß und verständlich, denn die Gemeinde verfügte über keine Feuerwehr. Und wieder standen die Bewohner ratlos vor einer Irritation und wieder machte der Name des Dorftrottels die Runde, nun aber nicht mehr als bloßes Getuschel und Geraunze, sondern durchaus vernehmlich und vernehmbar. Nur ihm konnte daran gelegen sein, das Gleichgewicht der Gemeinschaft zu stören, gleichsam von einem inneren Außen die Gewichtungen zu verschieben und Unruhe zu stiften.

In diesem durchaus heiklen Moment war es einzig dem beherzten Auftreten des Bürgermeisters zu danken, dass die Situation nicht eskalierte, indem jener nämlich kundtat, dass seit langem schon von der übergeordneten Verwaltung das Fehlen einer Freiwilligen Feuerwehr im Ort bemängelt würde, weswegen er dies Hinweisschild zum Anlass nähme, eine solche nun ins Leben zu rufen. Im Gegenzug werde er, der Bürgermeister, eigens dafür Sorge tragen, alljährlich zum Feiertage des Heiligen Florian ein Feuerwehrfest ausrichten zu lassen. Der Heustadel möge indes zu einer Feuerwehrzentrale umgebaut und eingeweiht werden.

Und obzwar die Bevölkerung wusste, dass Wahlen zum Gemeinderat anstanden, und damit das politische Überleben des Bürgermeisters auf dem Spiel, überwog die Zufriedenheit angesichts der Perspektive, das Leben der Gemeinschaft neuerlich ins Lot zu bringen.

Zum Leidwesen aller währte auch dieser Frieden, den man mithin nur einen trügerischen zu nennen versucht ist, nicht lange.

Ein 3. August war es, als eines Morgens mitten im Kreisverkehr eine steinerne Stele stand, scheinbar unumstößlich und versehen mit der Aufschrift: »Den in der Land- und Forstwirtschaft tödlich Verunglückten gewidmet«. Ratlos standen die Menschen vor dieser Säule, denn keiner von ihnen konnte von einem solchen Opfer berichten, im Gegenteil, nur mit Mühe war jemand zu nennen, der sich in welcher Weise auch immer bei derartigem Tun verletzt hätte. Immerhin aber schien es angeraten, die Gegend zu durchforsten, ob nicht doch jemand ohne Aufhebens zu machen bei der Feldarbeit zu Tode gekommen war.

Bald schon brachten die Kinder des Dorfes auf einer Schaufel die Überreste eines Igels, dem, nach den evidenten Verwüstungen des kleinen Körpers zu urteilen, ein Traktor zum tödlichen Verhängnis geworden war. Hier lag es nun am Pfarrer, der stolz trauernden Gemeinde der Kinder auszudeuten, dass die Inschrift der Stele sich auf jene Opfer bezöge, die in aktiver Ausübung im land- und forstwirtschaftlichen Gewerbe hinweggerafft worden seien; zumindest aber gälte es zu berücksichtigen, dass es sich bei den Opfern jedenfalls um Menschen handeln müsse. Immerhin wurde der Igel in einer der Grünflächen des Orchideenweges bestattet und seinem Seelenheil ein kleines Holzkreuz gezimmert.

Unterdessen war die Suche weiter unternommen und bis zur Abenddämmerung fortgesetzt worden, als im Lichte der eben zu Bett gehenden Sonne ein Ruf vom Waldrand her erscholl. Die herbeiströmende Menge staunte nicht wenig, als sie unter einem zusammengefallenen Stapel von Totholz den Dorftrottel liegen sah, dessen in vielen Winkeln abstehende Gliedmaßen unzweifelhaft erkennen ließen, dass der Dorfarzt nicht mehr in Vorlage treten musste. Die Angelegenheit war klar, dennoch aber rätselhaft, zumal der Förster glaubhaft versicherte, den Holzstapel noch abends zuvor bei seinem Rundgang durchs Revier in gänzlicher Ordnung und gut befestigt vorgefunden zu haben. Man legte den Körper frei, hievte ihn auf einen Karren und machte sich auf, den Leichnam, wie es Brauch und Sitte war, vor seinem einstigen Wohnhaus aufzubahren.

Als der Zug schließlich im schon fahlen Lichte der hereinbrechenden Nacht den Fichtenplatz erreichte, erfüllte ein blasses Schweigen die Luft und der aufgerissenen Augen waren viele. Denn vor dem Hause des Dorftrottels war der Lindenbaum verschwunden und an seiner statt wuchs der aus dem Erdreich kaum ergrünte Keim einer winzigen Fichte.

Die Einäscherung des
Hofrates Berger –Bericht

Es hat etwas Beunruhigendes, wie der Hofrat Berger zu Tode kam; zumindest aber lohnt es sich, die Angelegenheit kurz zu streifen.

Man muss dazu wissen, dass der Hofrat Berger lange Jahre die Wiener Stadt- und Landesbibliothek geleitet hatte, sich zweier Doktorate *honoris causae* rühmend durfte, und im Ganzen von der Außenhülle her gesehen auf ein erfülltes Leben zurückblicken konnte, mitsamt einer fürsorglichen Ehefrau und einem Abonnement für die Sonntagsmatinee der Wiener Philharmoniker im Musikverein.

Neben der Musik galt die Leidenschaft *ex officio* wie privatim der Literatur, und so ist es ein leichtes, sich die hofrätliche Wohnung im Dritten Wiener Gemeindebezirk vorzustellen, deren Wände von Büchern bunt verkleidet waren. Es wäre müßig, hier all die Geistesgrößen aufzuzählen, die dort versammelt waren, sinnfällig für das späterhin zu Berichtende sei lediglich erwähnt, dass sich die Werke des Elias Canetti einer besonderen Liebe erfreuen durften. Tagsüber ging der Hofrat Berger gerne spazieren. Zum nahen Donaukanal hinab, von wo man rasch zur sogenannten Rotundenbrücke gelangte, deren Name, wie so viele Bezeichnungen in einer Stadt, auf Gebäude oder Nutzungen verwiesen, die vom Sog der Geschichte hinweggerissen, nur noch Stadthistorikern – beruflicher wie dilettantischer Provenienz – bekannt und vertraut waren. Im Falle der Rotundenbrücke bezog sich diese Bezeichnung auf ein im Wiener Prater anlässlich der dort stattfindenden Weltausstellung 1878 errichtetes Gebäude, das, wenngleich massiv und durchaus dominant, einer kleinen Feuersbrunst zum Opfer gefallen war. Was blieb, waren die nach dem so erzeugten Aschenhaufen benannte Brücke sowie die fast namensgleiche Rotundenallee.

Und diese schritt der Hofrat Berger dann beinahe täglich entlang, warf einen fast linkischen Blick in die Böcklinstraße und die Rustenschacherallee, und gelangte schließlich auf die Hauptallee des Wiener Praters, die von einer innerstädtischen Verkehrshölle schnurgerade und vier Kilometer lang zum kokett herausgeputzten Lusthaus führte, dessen angebotene Lust jene gesellschaftlich verträgliche, mitnichten aber gesunde war, die sich durch ein reichhaltiges Angebot an Cremeschnitten und Torten *pars pro toto* charakterisieren lässt.

Solchen Verführungen jedoch konnte Berger widerstehen. Auch lockten die ab dem Frühsommer zahlreicher werdenden Besucher eine Millionenschaft an Stechmücken jedweder Gattung und Art an, weshalb ein Verweilen auf der rund um diesen beschaulichen Pavillon laufenden Terrasse nur mit erheblichem Blutverlust wie auch Juckreiz oder dem pastösen Auftragen chemischer Substanzen auf die Haut möglich war. Keines von beidem entsprach den Vorlieben des Hofrates, der, wenngleich er die Natur liebte, auch einen Zwischenraum, gleichsam eine Schneise zwischen diese und sich als Kulturmenschen gestellt wissen wollte.

Also schritt er um das Gebäude jedes Mal bloß herum, warf einen Blick zu den Pferdeställen der Freudenau und ging den Weg, den er gekommen, wieder nach Hause. Nur manchmal, denn es ging ja auch darum, pünktlich zum Mittag- oder Abendessen wieder zu erscheinen, also weder zu früh noch zu spät, manchmal nur, wenn es galt, noch ein paar Minuten totzuschlagen, nahm er die geringe, aber immerhin doch den

Namen Umweg verdienende Strecke entlang des Oberen Heustadlwassers, wo die mächtigen Silberpappeln tief in den Teich ragten und den Hofrat innerlich, ganz für sich, das Hölderlinsche Gedicht »Andenken« rezitieren ließen.

So war er, der Hofrat Berger. Genügsam, aber eben doch ein tiefes Wasser.

Indes tanzte seine Frau um die Töpfe und kochte, als gälte es eine böhmische Hochzeit zu feiern. Wobei sie – das sei der Verpflichtung des Chronisten halber angemerkt – gar nicht aus Böhmen stammte, sondern aus dem bizarren slowenischen Örtchen Bled, von dem man allerdings auch sagen kann und muss, dass die Kochkünste jenes des ebenfalls slawischen Nordens um nichts nachstehen.

Und sie liebte dieses Kochen, es war in gewisser Hinsicht ihr Lebensinhalt, wären da nicht noch die Pflanzen gewesen, die ganz *per analogiam* zu des Hofrates Bibliothek in jeder erdenklichen Stelle der Wohnung anzutreffen waren. Und tatsächlich war ihr auch die Gabe geschenkt, jedwede Form von Grünzeug beispiellos zu motivieren. Ob Küchenkräuter – deren Aufzählung wir uns gebotener Kürze wegen ersparen wollen – oder andere Gewächse, in Innenräumen – denn die Bergersche Wohnung, übrigens in der Adamsgasse gelegen, verfügte leider über keinen Balkon noch sonstige Außenflächen –, es wucherte das Grün, Blüten brachen auf, ja selbst Pflanzen, die üblicherweise als saisonal angepriesen werden, wuchsen und wuchsen als hätten sie sieben Leben.

Der Hofrat selbst konnte, so sehr er die Natur (mit Einschränkungen, wie wir gelesen haben) auch liebte, dem grünen Finger der Frau Gemahlin wenig abgewinnen. Topfpflanzen waren ihm Wesen in Gefangenschaft mit gefesseltem Wurzelwerk, ausgeliefert den Willkürlichkeiten sorgender Hände, die sie einmal hier- und einmal dorthin zu stellen vermochten. Doch ebenso tief, wie dies seine Überzeugung war, ebenso sehr vermied er, seiner Frau davon einen Eindruck zu geben, und wie alle Männer war er der Überzeugung, dass seinem viel achtsameren Gegenüber diese Haltung entging. Und auch dieses Gegenüber ließ sich nicht anmerken, dass es um die ablehnende Haltung ihres Mannes wusste, denn die Gemahlin wusste gleichzeitig auch, dass Liebe aus Rücksichtnahmen besteht, zumal, wenn sich diese gegenseitig zutraulich ansahen und begegneten.

Sie waren ein zufriedenes, nur von gedämmtem, also kultiviertem Hass durchwachsenes, altes und wenn es gerade gut ging, alterndes Ehepaar der alten und eben auch alternden Schule.

So war es ein beschauliches Idyll, gewiss ein wenig oder sogar sehr einem überkommenen Rollenbild verhaftet, aber so war es eben, und es ist nicht leicht, tatsächlich Geschehenes abzuändern, nur weil eine Entwicklung ein neues Gleis befährt.

Das ging so dahin, bis eines Tages eine unvorhergesehene Unpässlichkeit die Frau Gemahlin des Herrn Hofrates dahinraffte, und sich dieser, von Trauer durchwirkt, in eine gewisse Ratlosigkeit gesetzt fand. Ihr wurde der Gersthofer Friedhof zur neuen Heimat, er dagegen fand sich heimatlos zwischen den vertrauten Wänden.

Seine Spaziergänge führte der Hofrat Berger fort, was sonst hätte er tun sollen, auch führten seine Wege weiter in die Auen, hin zur Wallfahrtskirche von Maria Grün, durch die Pferdekoppeln der Freudenau, manchmal bis hin zum Alberner Hafen und dem Friedhof der Namenlosen, jenem verschatteten Ort, wo in irdener Einwallung jene Seelen vergraben waren, die von der angrenzenden Donau angeschwemmt worden waren. Am Eingang war dort ein Gedicht des Albrecht Graf Wickenburg zu lesen:

*Tief im Schatten aller Rüstern
Starren Kreuze hier am düstern
Uferrand,
Aber keine Epitaphe
Sagen uns, wer unten schlafe
Kühl im Sand.*

*Still ist's in den weiten Auen,
Selbst die Donau ihre blauen
Wogen hemmt,
Denn sie schlafen hier gemeinsam,
Die die Wogen still und einsam
Angeschwemmt.*

*Alle, die sich hier gesellen,
Trieb Verzweiflung in der Wellen
Kalten Schoß,
Drum die Kreuze, die da ragen,
Wie das Kreuz, das sie getragen,
Namenlos.*

Dem Hofrat gingen diese Zeilen stets nahe, auch fühlte er eine gewisse Verbindung zu dem, wie er seinerzeit, beamteten Grafen, der die Liebe zur Poesie mit dem Staatsdienst zu verbinden gewusst hatte.

Dann ging er auch von dort zu Fuß, wenngleich es doch ein paar Kilometer waren, nach Hause, na ja, also nicht ganz. Denn in diesem Zuhause wartete niemand mehr und hatte niemand ein Beuschel oder einen Tafelspitz gekocht, weswegen der Hofrat, als typischer Vertreter seiner Generation und folglich ohne jede Kenntnis der Kochkunst, ins nahegelegene Wirtshaus am Kolonitzplatz auswich, wo die frisch zubereitete Wiener Hausmannskost schon auf den vergilbten Schildern angepriesen wurde. Dort saß er lange, jeden Tag und ohne jedweden Kontakt zu Anderen und durchaus mit mäßigem Konsum. Erst in der Dunkelheit nahm er die paar Schritte in die gleichsam verwaiste Wohnung in der Adamsgasse.

Die Pflanzen seiner verblichenen Frau hatte der Witwer fast vergessen. Oder, nein, das wäre nun ungerecht. Er hatte sie nicht vergessen, sie starben ihm schlicht unter der Hand weg. Die Fettpflanzen goss er zu viel, die wasserhungrigen zu wenig. Ohne böse Absicht – aber was sieht man als Chronist schon, außer der Hülle? – gab es ein etappenweises Sterben der verwitweten Pflanzen; *honoris causae*.

Schließlich, und es mag wohl ein Jahr gedauert haben, ward nur noch der mächtige Philodendron geblieben, der im gerundeten Erkerfenster lichtbesoffen ein frohes Dasein führte. Er bildete weiterhin in schöner Regelmäßigkeit neue Blätter aus, die wie grüne Pratzen mehr und mehr in den Raum griffen. Hinzu kamen noch die Luftwurzeln, die aufgrund der immer gehaltvolleren Luft in der Wohnung mehr und mehr austrieben und deren Wuchs die sonst üblich bedrohliche Form ums Weite überstieg. Der Hofrat schenkte diesem Wuchern zunächst wenig Beachtung. Er begnügte sich damit, über die Wurzeln zu steigen, doch eines Tages, als er, auch nicht mehr der Jüngste, sich beinahe in solch einer Schlinge verfangen hatte und zu Sturz gekommen wäre, holte er die Küchenschere und schnitt die allzu auskragenden Luftwurzeln kurzerhand ab. Die gegen die Wand hin befindlichen blieben von diesem Massaker verschont.

Damit aber hatte der Hofrat Berger sein Schicksal besiegelt, ohne dass ihm die verhängnisvolle Tragweite seines forschen Tuns auch nur irgendwie zu Bewusstsein gekommen wäre.

Kurzum, wenige Wochen später, man verzeichnete den 15. Juli, beförderte ein Zimmerbrand den alten Herrn vom Leben zum Tod. Es geschah während eines Nachmittagsschlafes, dass aus, wie es hieß, zunächst noch unbekannter Ursache ein Schwelbrand entstand, sich Nahrung bei den stets herumliegenden Büchern suchte und blitzartig in ein respektables Inferno vergrößerte. Dieses war bald von der Straße her durch Passanten entdeckt und durch beherztes Eingreifen der Berufsfeuerwehr auch gelöscht. Für den Hofrat allerdings kam, wie es hieß, jede Hilfe zu spät. Er verstarb im Schlaf an einer Rauchgasvergiftung, ohne, wie es zudem auch hieß, das Bewusstsein wieder erlangt zu haben.

Wie stets in solchen Fällen, traten alsbald die Forensiker auf den Plan, um sich der Brandursachenermittlung zu widmen, was sich schwieriger als erwartet gestaltete. Denn weder war eine Herdplatte angedreht noch, es war ja mitten im Juni, waren Heizkörper in Betrieb oder ein Feuer im Kamin. Und nachdem eine Gasexplosion schon als erstes ausgeschlossen werden konnte, tappten die Fachleute mächtig im Dunklen.

Die Erklärung, die schließlich ermittelt werden konnte, war so skurril wie erschreckend: Ganz evidenterweise nämlich hatten zwei Luftwurzeln des Philodendrons den Weg in eine Steckdose gefunden, wo sie einen Kurzschluss erzeugt hatten, was schließlich zum Brand der Pflanze und in weiterer Folge der Wohnung führte. Dergleichen war den Ermittlern noch nie zuvor untergekommen, doch gleichzeitig waren sie dankbar, in ihre Schematik häuslicher Brandursachen ein weiteres Element aufnehmen zu können.

Damit endet auch schon die kurze Darstellung vom verwunderlichen Ende des Hofrates Berger, dessen ihm vorausgegangene Gemahlin, dies noch zuletzt hinzugefügt, auf den Namen Therese gehört hatte.

Meine zugige Wohnung

»Steigen sie nicht mehr ein. Zug fährt ab!« Von draußen drang der Ruf in mein Schlafzimmer, ein Geschrei rundherum, wie häufig im Juni, wenn am Schulcampus vor dem Haus die Projektwochen stattfanden, bei denen die Schüler mit externen Experten sich einem bestimmten Thema in aller Fülle der Erfahrung und des Erfahrens widmen konnten. Ging es um Tierwohl, gackerten glückliche Hühner über den Campus und raubten einem den frühmorgentlichen Schlaf, ging es um Mülltrennung, wurden bereits in Allerherrgottsfrühe Gläser in einen eigens zu meiner Qual herbeigeschafften Container geworfen, mit einer diabolischen Lust, die selbst meinem an Sadismus nicht unbescholtenen Wecker niemals in den Sinn gekommen wäre.

Dieses Jahr also war ganz offensichtlich das Thema Verkehr an der Reihe, eins daher der Lobpreis des öffentlichen und die selbstverständliche Verdammnis des klimatechnisch und gesellschaftlich verurteilungswürdigen individuellen, es sei denn, es handelte sich um ein Fahrrad. Gleichauchschon hörte ich das vom Dunkeln ins Helle anschwellende Abfahren des Zuges – und hielt in meiner schlaftrunkenen Suada inne.

Denn dieses Geräusch, wie sollte es im Rahmen einer Projektwoche erzeugt werden? Und generell, jetzt fiel es mir erst auf, das Geräusch drang nicht vom Fenster her, das gegen den Campus gerichtet war, es kam von der Türe, die, zumindest noch am gestrigen Abend als ich zu Bett ging, an mein Wohnzimmer grenzte. Mit allen Mitteln die mir zur Verfügung standen sprang ich also beinahe behänd in meinen Morgenmantel, riss die Türe auf und sah gerade noch den letzten Waggon der U-Bahn die Station verlassen.

Menschengruppen liefen mit Aktentaschen oder Rucksäcken durch mein Wohnzimmer hin zum Ausgang, während andere bereits in die Wohnung drängten, wo sie am Rande der Bibliothek zu stehen kamen, knapp vor den Geleisen. Und gleich auch fuhr der Zug in die Gegenrichtung ein, gleich auch strömte die nächste Menge durch die Wohnung ins Freie und die andere in die Waggons der U-Bahn. In gewissem Sinne lief all dies in geordneten Bahnen und so ging denn auch ich in Richtung Küche, denn ohne eine Tasse Kaffee weiß man nie, ob man dem Tage und der eigenen Wahrnehmung trauen kann. Zuviel war diesbezüglich schon passiert.

»Espresso, wie immer?«, schallte mir eine Stimme entgegen, wobei der ziegenbärtige, pickelgesichtige Student sehr sympathisch aussah und mich von wo auch immer her zu kennen schien.

»Ja, wie immer«, erwiderte ich.

»Bitte sehr, Herr Doktor, Zucker ist schon drinnen, wie Sie es möchten.«

Das war sehr freundlich von dem jungen Mann, also nahm ich den Pappbecher, bezahlte und warf das Restgeld dem vermutlich rumänischen Bettler, der auf meiner Couch im Durchgang saß, in den Hut, wobei mir auch dieser, der Hut, nicht der Rumäne, irgendwie bekannt vorkam.

Zurück in meinem Schlafzimmer und gestärkt durch den Kaffee bemerkte ich erst, dass die neue Verkehrsanbindung eine große Zeitersparnis bedeuten könnte, da sie mir den morgendlichen langen Fußmarsch in mein Büro verkürzen half.

Und so war es auch. Kaum war ich in Anzug und Aktentasche geschlüpft, schnappte ich mir im Vorbeigehen an meiner Küche noch ein Croissant, das mir mit einer eleganten Papierserviette von einer jungen Frau entgegengehalten wurde, sprang in den nächsten Zug und war binnen weniger Minuten im Amt.

»Was machst du denn schon da?«, fragte mich der Regierungsrat, der mit mir das Zimmer teilte. Doch ich schwieg, wie all die Tage und Jahre, als er noch gar kein Regierungsrat war zuvor auch meist, nun aber mit dem konkreten Grund, dass ich mein Privileg nicht in alle Welt hinausposaunen wollte. Denn nicht jeder hat eine U-Bahnstation in seiner Wohnung. Soviel war mir klar und ich wollte keinen Neid erregen, der schließlich zu heimlichen Blicken der Missgunst führt und das Arbeitsklima belastet.

Ich nahm mir also die Akten des Tages vor, zeichnete dies und jenes ab, rief den Amtsdiener, damit er dringende Schriftstücke zur Amtsleitung brächte und kennzeichnete jene Eingangsstücke, die in den Reißwolf mussten. Ein Tag wie jene zuvor und jene, die vermutlich noch folgen sollten. Nur, dass mir auch hier im Büro die Arbeit leichter und schneller von der Hand ging, wodurch ich bereits am frühen Nachmittag mein Plansoll erledigt und meinen Schreibtisch leergearbeitet hatte.

Unter dem fadenscheinigen Vorwand, noch meine Tante im Heim besuchen zu wollen, verließ ich das Amt ungewohnt eilig und ging zur nahe gelegenen U-Bahnstation, wo mir erstmals auf der Anzeigetafel auffiel, dass meine Wohnadresse als Station verzeichnet war. Was war ich doch für ein Glückspilz. Ich fuhr daher bis zur Engerthstraße und kam, kaum aus dem Zug gestiegen, in meinem Wohnzimmer zu stehen. Links und rechts drängten die Menschen zur Wohnungstüre, andere überrannten mich beinahe, um doch noch in den Zug springen zu können, da hieß es schon: »Bitte nicht mehr einsteigen. Zug fährt ab.« Wie erfüllte mich dieser Satz mit Freude und Genugtuung. Keine Gehaltserhöhung, kein Biennalsprung, kein innerhalb der Interkalarfrist verliehener Berufstitel konnte mir willkommener sein. In der Küche kaufte ich mir bei einer jungen Frau ein Sandwich, dazu noch ein kaltes Bier, das sie flink aus meinem Kühlschrank nahm. Dabei konnte ich aus dem Augenwinkel sehen, dass der Kühlschrank, in dem sich sonst nie mehr als ein sterbender Bund Radieschen befand, prall gefüllt mit Lebensmitteln war. Bevor ich mich zurückzog, wollte ich mir noch ein Buch aus der Bibliothek holen, sah aber, was ich ohnedies hätte wissen müssen, dass zwischen mir und meiner Bibliothek die Bahngleise verliefen, deren Queren richtigerweise auch bei Strafe verboten war. Und während ich noch überlegte, welches in meinem Schlafzimmer gestapelte Buch ich stattdessen lesen könnte, wandte sich eine Stimme überaus bestimmt an mich: »Rauchen ist im U-Bahn-Bereich verboten!« Wie konnte ich es nur vergessen haben! Der Mann, gewandet in der Berufskleidung eines zuständigen Aufsichtsorganes, hatte recht. Rasch warf ich die gedankenverloren entzündete Zigarette zu Boden und trat sie aus. Selbstverständlich nicht ohne in der Folge 80 Euro Strafe zu zahlen und mit einem gut beherrschten Zorn über meine Unachtsamkeit auf den selbst verursachten Brandfleck auf meinem Parkettboden zu starren.

Geräuschvoll nahte der nächste Zug, während ich noch auf den dunklen Punkt auf meinem Fichtenboden starrte. Ein Stoß gegen die Schulter riss mich aus meinen Gedanken, verursacht von einer aus dem Zug stürzenden Frau, die eine offensichtlich dringende Nachricht auf ihrem Mobiltelefon las und mich darob übersehen hatte. Aber ich bin auch nicht wirklich groß gewachsen und werde mitunter schlicht übersehen, dergleichen humane Havarien waren mir folglich vertraut. Der Zusammenstoß wendete dessen ungeachtet (und wie hätte der Zusammenstoß selbst auch meiner körperlichen Größe bedacht gewesen sein können?) ihre Handtasche um verhängnisvolle 180 Grad und beförderte deren Inhalt auf den Boden, von wo ich ihr sofort half, die diversen Einzelheiten einzusammeln. Eine Visitenkarte fiel mir dabei ins Auge, nicht weil Neugierde eine meiner grundlegenden Eigenschaften wäre, doch erkannte ich auf dieser Karte ganz deutlich und unzweifelhaft und teuer geprägt meinen Namen mitsamt Adresse und Telefonnummer, was mich, da mir die Dame gänzlich unbekannt war, kurzzeitig verwirrte. Sie bemerkte dies und meinte: »Können Sie behalten. Ich kenne den Herrn nicht, keine Ahnung, woher die kommt. Nehmen Sie es als Andenken an mich.« Sie zwinkerte mir schalkhaft zu und war mit mehr oder weniger diesen Worten auch schon ein Fisch im immer fließenden Strom der Fahrgäste und verschwunden.

Tags darauf war ich noch früher im Amt, schließlich kannte ich die neuen Abläufe in meiner Wohnung und den Fahrplan bereits und konnte mich darauf einstellen. Ich war auf Schiene, witzelte ich in mich hinein. Der Regierungsrat schien sich auch mit meinem früheren Erscheinen im Büro abgefunden zu haben und so ging alles seinen gewohnten Gang, die Akten wurden bearbeitet, gefertigt, gezeichnet und abgefertigt, Unabhandelbares *ad acta* gelegt, Überflüssiges mit *cessat* versehen und nachmittags war die Welt wenn schon nicht besser, so doch gut verwaltet.

Nichts desto minder konnte ich mich des Eindrucks nicht erwehren, dass mein regierungsratender Zimmerkollege einen misstrauischen Blick in meine Richtung entwickelte. Kaum wohl meiner privilegierten Stellung als Bewohner einer U-Bahnstation wegen, welche Auszeichnung ich doch streng vor ihm verborgen hatte, was auch im Lichte des hauptsächlichen und gegenseitigen Schweigens nicht schwer gewesen war, eher, wie ich vermutete, angesichts meiner gesteigerten Effizienz, eines Verhaltens, dies musste ich ihm zugestehen, dass auf berufliche Ambitionen rückschließen ließ und kollegial daher zurecht als verdächtig erscheinen musste. Diese Einsicht bewog mich dazu, in meine Arbeitsabläufe Schleifen einzuziehen, weiter nicht notwendige Nachfragen und dergleichen, die den Aktenlauf verlangsamten ohne ihn ganz zum Stillstand zu bringen. Auch schrieb ich beispielsweise eine eindeutig falsche Abteilung zur weiteren Behandlung auf den Faszikel, wodurch die Unterlagen tags darauf erneut und nicht weiter bearbeitet bei mir auf dem Schreibtisch lagen. Oder ich gab in einem Schreiben Rechtsauskünfte, von denen ich wusste, dass meine Vorgesetzten sie als falsch erkennen und mir das Schriftstück zur Überarbeitung zurücksenden mussten. Dass dies meinem Ruf im Amt nicht zuträglich und folglich alles andere als eine Empfehlung für höhere Dienste war, bekümmerte mich wenig, denn was war denn ein solches Emporklettern in der Verwaltung für jemanden, der Besitzer einer U-Bahnstation war? Lächerlich! Und dank dieser Strategie nahmen auch die Argusaugen des Regierungsrates wieder ihren gewohnt schläfrigen Glanz an.

So ging es nun wochenlang bis zu jenem 27. April, als ich wie gewohnt nach der Arbeit die U-Bahn bestieg und nach Hause fuhr. Nur eben, dass der Zug nicht in der Engerthstraße hielt, sondern erst in der nächsten Station, die sich etwa drei Kilometer von meiner Wohnung entfernt befand. Erbost lief ich noch am in der Station haltenden Zug entlang zur Fahrerkabine und stellte den Lenker zur Rede. »Was bedeutet denn das, bitte? Sie haben die vorige Station einfach ausgelassen? Was soll das?« »Ja haben Sie es nicht gelesen?«, sagte der Mann, »Die Station Engerthstraße ist heute Mittag ausgebrannt. Alles zerstört, alles nur noch Asche, aber zum Glück gibt es keine Geschädigten.«

»Nicht mehr einsteigen! Zug fährt ab!«

Und weg war er, weg war der Zug, weg, einfach alles nur weg.

Rätselnd verstört nahm ich die Rolltreppe, trat ins Freie und ging die vielbefahrene Straße entlang, vorbei an der mickrigen Armenischen Kirche und den nach Großstadt riechenden Hochhäusern, wieder stadteinwärts.

Und auf diesem Weg, ich fühlte es schon von fern mehr als dass ich es sah, kam mir die Frau wieder entgegen, die Tage zuvor ihre Tasche unfreiwillig entleert hatte und sie erkannte mich ebenso wieder wie ich sie.

»Und«, fragte sie, »wissen Sie schon, wer der Mann ist, dessen Visitenkarte ich Ihnen gab?«

Da sah ich sie an und bemerkte, dass sie schön war und dass ich etwas, etwas zumindest, sagen musste.

»Nur ein Obdachloser, vergessen Sie es.«

Poesie der Pornographie
oder
Adalbert geht stiften

Adalbert war Schriftsteller. Und wie alle Schriftsteller erfreute er sich hohen gesellschaftlichen Ansehens, vermochte es jedoch – im Unterschied zu seinen Berufskollegen – von seiner Kunst, jener des Erzählens, zu leben. Anders nämlich als diese, die sich in Lyrik oder ebenso unbezahlter Prosa abmühten, verfasste er Texte für Wochenmagazine, die hohe Auflagen hatten und daher auch Autorenhonorare zu zahlen vermochten, von denen zu leben war.

Frei heraus gesagt: Adalbert schrieb erotische Geschichten für Frauenzeitschriften. Sie waren auf den hinteren Seiten abgedruckt, wenn die Scheidung des Prinzen von Wales, die Liebesaffäre einer Fürstin aus Monaco und das Prostatakarzinom eines alternden Schlagersängers bereits bildreich abgehandelt waren. Auch die Naturheilkunde und gelegentliche Yogaübungen fanden in den Heften vor seinen Geschichten Platz, doch bekannt ist ebenso, dass ein Gutteil der Menschen, auch ohne asiatischen Hintergrund, Zeitungen von hinten zu lesen beginnt. Sohin waren Adalberts erotische Auslassungen prominent positioniert.

Sein Erfolg, wenn man es denn so nennen darf, beruhte auf einigen Betriebsgeheimnissen, deren eines war, Klischees zu bedienen. In den Stereotypen, die er zu Papier brachte, konnten sich die Leserinnen spiegeln, weswegen der Mann dort entweder groß und stählern auftrat, was die Damen zu Mädchen machte, oder er hatte einen knabenhaften Körper, was Schutzinstinkte wachrief, die mütterlich zu nennen der Inhalt der von ihm dargebrachten Geschichten jedoch verbietet. Diese nämlich waren expliziter als übliche Romanzen in Magazinen des Boulevards, sie, wie man so präzise sagt, »gingen zur Sache«, wenngleich Adalbert sich selbst auch hier Grenzen setzte: Gewalt, Handschellen, Peitschen und anderes dunkles Zubehör kam in seinen Texten nicht vor, er verstand sich als Autor gut bürgerlicher Pornographie, gerichtet an Damen, die in der Mitte des Lebens das Träumen noch nicht verlernt hatten. Darüber hinaus verachtete er Berg- oder Ärzteromanzen; denn bitte, es wollte ihm partout nicht einleuchten, weshalb guter Sex der Alpen oder eines Krankenhauses bedürfen sollte. Das Leben war auch ohne solchen Firlefanz abwechslungsreich und, in seinem Fall, aufregend genug.

Neben den Klischees und Stereotypen hatte Adalbert einen weiteren Kunstgriff entdeckt: Er verzichtete so gut wie vollständig auf räumliche oder zeitliche Festlegungen. Die jeweilige Handlung konnte überall und jederzeit stattfinden. Was sie auch tat. Denn er schilderte Zärtlichkeiten, die auf einfache Weise nachgekocht werden konnten – ja, auch mit Küchenutensilien. Denn was nützt der Einsamkeit ein saftig beschriebenes Mannsbild, wenn es just eines solchen ermangelt? Das sogenannte pralle Leben bedarf keiner Literatur – dafür hat es, wenn es denn prall ist, auch gar keine Zeit –, aber wo dieses fehlt, selbst in Form eines Mannsbildes, springt jene aus der Kulisse und heilt die geschundenen Seelen durch Sublimierung des Körperlichen im Text. Dieser Devise folgend, konzentrierten sich Adalberts Artikel auf Tätigkeiten, auf ein Geschehen, will sagen, er bot Handlangungen an. Eine Berührung, ein Tasten, ein Drücken da und dort, das lag stets in Reichweite der eigenen Hände und verschaffte auch unmittelbare Freuden.

Und dann gab es noch etwas: Es ist ja hinlänglich bekannt, dass die Libido der Ermüdung des Gewebes häufig widersteht und in unvermindert jugendlichem Elan so manches Faltenarrangement verzweifeln macht. Die Darstellung des makellos Schönen, jugendlicher Straff- und Schlankheit, ist daher eher dazu angetan, die eigene Körperwirklichkeit in einen Alp zu wickeln. Adalbert hingegen verfasste Hymnen auf die weiblichen Problemzonen, pries die Eleganz von Schwangerschaftsstreifen und machte Cellulite liebenswert. Kurzum, er beschrieb eine Realität voller Zuneigung, Hingabe und unverminderten Begehrens.

Nichts desto weniger lässt sich im Tone höchster Wertschätzung sagen, dass Adalberts Geschichten einfach schlecht waren. Schlecht freilich vom Gesichtspunkt dessen, was Stil in der Literatur ausmacht und mithin Eingang in manche Long- oder Shortlist diverser Auslobungen findet. Oder finden sollte. Darum aber ging es ihm nicht. Er begnügte sich damit, den Lorbeer in seiner Disziplin einzuheimsen und überlies das brotlose Feld literarischer Schaukämpfe lieber den anderen.

Gleichwohl, dies sei zur Ehrenrettung des Autors gesagt, fanden sich in seinen Texten zahlreiche Formulierungen, deren Ursprung in der Liste antiker sprachlicher Tropen begründet lag. Alliterationen etwa kamen immer wieder zum Einsatz, sei es, um bebende Brüste, ein duftendes Dreieck oder ein glänzendes Glied zu beschreiben.

Mitunter gab es auch klassische Steigerungen, die, wie Adalbert bewusst war, akademisch immerhin »Klimax« genannt wurden und daher gut in seine Textsorte passten. In der Schule, es macht ein wenig staunen, hatte er Latein und Griechisch gehabt, und auch wenn dieses Wissen von einst kaum einmal Eingang in sein Schreiben fand, war es doch irgendwo in seinem Inneren abgelegt und bewahrt geblieben. Als er einmal die Formulierung verwendete: »Er griff ihr an die Brust, drückte die weiche Rundung und kniff in den härter werdenden Nippel«, wollte die Redaktion das Wort »kniff« ersetzen, da, wie sie schrieb, das Imperfekt des Verbums »kneifen« eventuell nicht allen LeserInnen geläufig sei. Adalbert beharrte jedoch darauf, den Satz so zu belassen, zumal, wie er in seiner Antwort schrieb, das »i« sowohl graphisch wie auch phonetisch eine erigierte Brustwarze versinnbildliche, wodurch die Bedeutung gerade in diesem Kontext auch ohne Kenntnis des Imperfekts verstanden würde, und es, also das »i«, seinen Zweck gerade dadurch hinreichend erfülle. Der Text blieb unverändert.

Auch Metaphern war Adalbert zugetan und so säumten rehgleiche Augen, bronzene Gazellen und wie Glühwürmchen leuchtende Schweißperlen seine Texte. Manch ein Sprachbild erfüllte ihren Urheber regelrecht mit Stolz. »Er leckte ihren Nabel, als befände sich in dieser Schale ein Rest von süßem Himbeereis« – um ein Beispiel aus dem Jahr 2017 zu nennen. Angesichts solcher Sprachgewalt wurde dem sonst abgebrühten Autor vor der eigenen Virtuosität doch ein wenig schwindlig.

Aber hier beenden wir diese Stilkunde, denn es steht uns nicht gut an, einen Menschen durch den Kakao zu ziehen, der sich mit Stift und Heft sein Geld verdiente, und dies wahrlich nicht ohne Erfolg.

Das äußerte sich nicht zuletzt in zahlreichen Zuschriften, die von den jeweiligen Verlagen an Adalbert weitergeleitet wurden. Seine Zielgruppe, Damen mittleren Alters, die glücklich im Hafen der Ehe gelandet, länger aber schon auf dem Trockendeck desselben geparkt waren, dankten dem

Autor, der ihnen Mußestunden schenkte und die Abgeschiedenheit erträglicher und körperlicher werden ließ. Nicht wenige freilich wollten den Schöpfer solcher Handreichung persönlich kennenlernen, was mitunter auch angenommen wurde und zumeist dann etwa so vonstattenging, wie man sich das jetzt vorstellt.

Eine dieser Damen hieß Diana, ob nun tatsächlich oder aus einer Laune heraus tut nichts zur Sache, sie hatte Adalbert jedenfalls geschrieben, dass er ihr aus der Seele und noch anderem spräche, sie Woche für Woche auf seine literarischen Ergüsse – so sagte sie! – warte und nun schon seit geraumer Zeit – geraum schrieb sie nicht – von der Frage umgetrieben werde, wer denn der Verfasser solcher Zeilen sei, wie er aussähe, lebe, schlicht: Sie wollte ihn kennenlernen und ihn zu einem Tee, oder, sollte er dem nicht abgeneigt sein, einem Glas Champagner zu sich in die Wohnung vis-à-vis des Augartens einladen.

So geschah es auch, und es kam wie es kam, mit dem winzigen Unterschied zu sonst, dass Adalbert von Diana recht angetan war. Gelinde gesagt.

Sie war in erkalteter Art mit einem Petrochemiker verehelicht, der, wie kaum anders zu erwarten, die meiste Zeit des Jahres auf norwegischen Bohrinseln verbrachte, er war also das, was man füglich einen Offshore-Gemahl nennen kann. Aufgrund seines hohen Einkommens führte seine Frau ein beinahe schon anstößig sorgenfreies Leben, und man weiß, dass dies mitunter das gefährlichste ist. Sie widmete die viele freie Zeit ihren breit gefächerten Interessen, die von Tennis bis Golf reichten, wusste darüber hinaus aber wenig mit sich anzufangen. Waren die grauen Strähnen gefärbt und die Beine epiliert, blieb wenig zu tun. Weshalb Adalbert gerade an ihr in fast bemitleidenswert naiver Weise haften blieb, erschließt sich nicht wirklich, achselzuckend jedoch müssen wir zur Kenntnis nehmen, dass dem so war.

Mehr noch: Der sonst, wie man heute sagt, überaus resiliente Adalbert verfiel dieser Diana, welche, und damit beginnt die Misere, nach wenigen Monaten der Besuche überdrüssig wurde und den Hausfreund vor die Türe setzte.

Jemand anderer hätte dergleichen ahnen können. Nicht so dieser Held.

Und es ist ja wahr: Selten aber doch kommt ein unmerklicher Sprung in der Existenz als Glücksgefühl daher, das man gerne in sich spürt, wo es wärmt und wach werden lässt, während es einen von außen betrachtet in einen trunkenen Schlaf wiegt, der erst endet, wenn aus dem Inneren heraus dieses Glück sich wandelt und als Gleichgültigkeit wuchert, bis es die Fassung des eigenen Daseins zum Bersten bringt.

Adalbert, in Liebesdingen – also in solchen, die auch Herz und Seele erfassen – eher ungeübt, stand verzweifelt und im Inneren verwüstet im Hinterhof seiner Existenz. Er wusste weder ein noch aus oder aus noch ein, ging ohnmächtig von Mauer zu Mauer und fand keinen Ausgang aus diesem grauen Geviert. Doch man kann sich die Hörner in der Literatur abstoßen wie man will, wenn es dann aus dem Papier heraus ins eigene Leben schwappt, wird selbst ein Mühlbach zur Sintflut, die der Festung des Selbst den Boden wegspült.

Angesichts dieses Umstandes nimmt es nicht Wunder, dass den so Verwundeten seine Formulierungskunst in Stich ließ und das, was man Schreibblockade zu nennen pflegt, wie ein Dragonerregiment über ihn hinwegfegte und an ihm hängen blieb. Mehr noch, es nahm Quartier, es nistete sich ein und zehrte alle Ressourcen auf. Jeder Lobgesang auf die weibliche Anatomie, jede Wortschöpfung, die Altes neu und

Graues rosig werden ließ, zerbröselte ihm in der Hand, noch ehe sein Stift das Papier berührte.

Infolgedessen blieb auch Text um Text aus, und nach anfänglichen Ausflüchten familiärer Unabkömmlichkeit verstummte Adalbert gänzlich und ließ, so wurde das dort gesehen, die Magazine im Stich.

Bald aber hatten die Zeitschriften andere Autoren gefunden und in einer redaktionellen Notiz Adalbert voll des Lobes in Pension geschickt. Dieser aber verlegte sich auf die einzige Materie, derer er noch mächtig war und begann Liebesgedichte zu schreiben, die er an die besagten Frauenmagazine, aber auch an ernsthafte Literaturzeitschriften schickte.

Es muss hier nicht gesagt werden, dass diese Gedichte allesamt abgelehnt wurden, das versteht sich von selbst. Sehr wohl aber gilt es die wirtschaftliche Situation Adalberts zu erwähnen, die sich ob eines hundertprozentigen Verdienstentgangs zusehends verschlechterte, bis auch die Miete nicht mehr bezahlt werden konnte und eine routinierte Delogierung ihren Lauf nahm. Damit jedoch nicht genug, war Adalbert in einem geistigen Zustand angekommen, der mit Geist nur noch wenig zu tun hatte, eher einer vollkommenen Verwüstung seines Selbst glich, sodass ein ruheloses Leben auf der Straße ihn mehr und mehr verkommen ließ. Seine bisher adrette Gestalt wurde quallig, der Bart überwucherte zusehends ein zerfurchtes Gesicht, und der in solchen Totalschäden oft anzutreffende Jägermeister wurde ihm zum letzten Freund. Bald wechselten selbst Passanten die Straßenseite, um dem strengen Geruch auszuweichen, der von dem einst geachteten Autor ausging.

Eines Morgens, es war wohl Jänner oder Feber, vielleicht auch März, fanden ihn Helfer des Roten Kreuzes unweit des Karmelitermarktes auf den Stiegen zu einem öffentlichen

Bad, wo sie, wie es amtlich hieß, nur noch den Tod feststellen konnten. Als der Leichnam fortgeschafft wurde, glitt unbeachtet ein kleiner Zettel aus den zerschlissenen Decken und Tüchern und blieb verloren am Boden liegen. Darauf war zu lesen:

> *procul* heißt fern
> *propinquus* heißt nahe
> *tu* heißt du
>
> zum teufel noch mal
> wie soll man
> in einer toten sprache
> ein liebesgedicht schreiben

Als später am Tag die Müllmänner kamen, kehrten sie auch diesen Fetzen weg, damit der Eingang zum Dianabad wieder sauber wäre. Wer aber hätte gedacht, dass Adalbert des Lateinischen überhaupt noch mächtig war?

Erdäpfel

Der alte Bauer hieß Wittmann. Wie schon sein Vater und dessen Vorväter allesamt. Vermutlich hieß am Ende der Kette Adam auch Wittmann, es steht nirgendwo geschrieben. Der alte Wittmann wohnte in Wolkersdorf, jenem Ort nahe Wiens, wo sich in den 1970er-Jahren das etwas einfältig staunende Marchfeld und das Nichts die Hand reichten. Dem alten Wittmann, dessen hager zerfurchtes Gesicht sein zukünftiges Alter vorwegzunehmen schien, war beides unbekannt, ihm gab es nur seine Weinstöcke und den Acker mit den Erdäpfeln. Die lagerten nach der Ernte auf der Zwischenebene des Weinkellers in einem kühlen und weißgekalkten Raum, wo sie pyramidenartig in einem Eck kauerten. Auf die Frage, um welche Sorte es sich denn handeln könnte, hätte der Wittmann keine Antwort gewusst, es waren Erdäpfel eben und sie waren erdig und er wurde auch nie gefragt, denn damals gab es eben noch Erdäpfel. Festkochend, mehlig, halbfest, Ditta oder Kipfler, ganz einerlei lagen sie da, den Herbst, den Winter und so weiter hindurch, bis zur kommenden Ernte.

Wenn man seitlich dieser Pyramide dann nach links abbog und die steile und schier endlose Holztreppe in den Weinkeller hinabstieg, reihten sich im geziegelten Tonnengewölbe die Holzfässer. Vom kleinsten, das vielleicht nur 100 Liter fasste bis zu jenen, an die eine Leiter gelehnt war, um das Spundloch zu erreichen. Von dort konnte man, oder eben der Wittmann, Proben ziehen mit dem Weinheber, jenem magischen Instrument aus scheinbar dünnstem Glas, das es erlaubt, mit einem tiefen Einatmen gleich drei Achtel aus dem Fass zu saugen und in Gläser zu verteilen. Das tat der Wittmann oft und gerne und es war ja auch ein

Teil seines Berufes, den Wein zu kosten, zu begleiten und zu teilen.

Dann, in seinen späteren Jahren, lag der Wittmann eines Tages erstmals fiebernd im Bett, also so fiebernd, dass selbst er es bemerkte, nämlich dadurch, dass er nicht aufstehen konnte und Schweiß durch seine Gesichtstäler lief. Dass ihm dergleichen in den 70 und mehr Jahren zuvor nicht passiert war, erklärt seine Verwunderung, zu der er noch im Stande gewesen wäre, wenn er noch zu etwas im Stande gewesen wäre. Auch der Dorfarzt war ratlos, zumal er mit Handfestem umgehen konnte wie abgehackten Daumen, zertrümmerten Kniescheiben, eingeschlagenen Unterkiefern oder Erkältungen. Dass der Wittmann dalag und nichts hatte, aber doch etwas hatte, brachte den Arzt an seine Grenzen und ein Stück weiter auch noch. Dass er nicht zur Messe gegangen war, das schien noch die wissenschaftlich plausibelste Erklärung, wobei auch dies unbestätigt blieb. Nach sieben Tagen, denn das war die Zahl der Schöpfung, konnte der Wittmann kurz sprechen, und er bat seine Frau, nein, er befahl es ihr, denn bitten hätte er schon mögen, nur war dies nie in der Schule Unterrichtsfach gewesen, er befahl ihr, die Arnika-Essenz aus der Kammer zu holen, ein angesetztes Gemisch aus Weingeist und alpinen Blüten, das ihm ein Käufer seiner Erdäpfel vor Jahren geschenkt und als Allheilmittel angepriesen hatte. Sie, die Frau, möge ihn einreiben damit, ganz, einfach ganz. Und so durchzogen die knorrigen Finger der Frau den faltigen, hageren Körper des Bauern, fuhren durch Furchen, die sie noch als weite Ebenen kannte, umschifften Alterswarzen, dunkel und erhaben bedrohlich, klebten einzelne Haare an den gallertartigen Körper, die dort wuchsen, wo zuvor noch kein Haar zu wachsen gewagt hatte. Dies tat sie, da der Mann es gesagt hatte, drei Tage hindurch und am Abend des dritten Tages stand der Wittmann auf, sagte: »Danke« und ging aufs Feld hinaus, um nach dem Wein zu sehen. Als er zurück zum Hof kam, legte er sich ins Bett, so wie all die Jahre zuvor und verpasste in dieser wiedererwachten Gewohnheit das durch all die Jahre gewachsene erschöpfte und leise atmende Sterben seiner Frau.

Als er dies am kommenden Morgen sah und den unerbittlichen Leichnam neben sich spürte, dankte er dem Herrgott, dass zumindest einer von ihnen beiden nunmehr guter Gesundheit wäre.

Dank ist immer ein Wort des Überlebens.

Also war er nach den Zeremonien und Ritualen und Feiern alleine am Hof und in Ermangelung von Erben, die den stolzen Namen Wittmann hätten weitertragen können, alleine mit seinen Weinstöcken, den Erdäpfeln und auch den Hühnern, die wir zu erwähnen vergaßen, da sie selbstvergessen und unscheinbar in beinahe sauberen Stahldrähten Eier legten und sich des Lebens unerfreuten.

Der Wittmann hatte stets alles alleine geschafft, also würde es auch weitergehen, und bald war die nächste Ernte eingefahren, die Fechsung, wie er es nannte, erledigt, nein: getan.

Und doch spürte der Wittmann noch ein Ziehen im Leib, kein Schmerz richtig, aber so, als würde man ihm beständig ein Stück Holz aus dem Oberschenkel ziehen. Genau solch ein Stück, wie man es für den Unterzunder im Ofen braucht, nur dass es, das Scheitel in seinem Körper, anwuchs und die Wurzeln im Herausziehen aus seinem Bauch, seiner Leber oder was auch immer da drinnen war, zu kommen schienen. Es war schmerzhaft und bald war auch das Gehen nicht mehr so routiniert wie seit ... eben seit, seit.

Als der Wein wieder in den Fässern gärte, da wusste der Wittmann wie jedes Jahr und wie seit er denken konnte, dass man nur mit einer Kerze den Keller betreten durfte, denn diese würde anzeigen, ob denn die entweichenden Gase tödlich wären oder eben »reine Luft«. Dutzende waren, selbst im Ort, dahingegangen, weil sie dieses untrügliche Zeichen auf die leichte Schulter genommen hatten. Aber so war er nicht, der Wittmann, und für diese Erkenntnis braucht es auch keine Frau.

Und infolgedessen ging er auch nach der nächsten Ernte stets nur mit Kerzenlicht in das Tonnengewölbe, um sich wie seit Adam und Eva einen Überblick über den Wein zu verschaffen.

Nur, dass es eines Tages mitten auf der Holztreppe zum Keller in seiner Mitte zu ziehen begann und ein Holz aus seinem Leib wollte, das zu groß für die Faltengestalt war, weswegen es den Wittmann konsequent die Stiegen hinunter schleuderte und er auf dem Lehmboden zu liegen kam, wo er denn auch die giftigen Gase ein- und sein Leben aushauchte.

Und hätte der Wittmann noch einen Gedanken gefasst, dann wäre es der gewesen, dass sein Vater wohl auch schon so gestorben war. Und dessen Vorväter ebenso. Vermutlich bis hin zu dem Adam Wittmann, dessen Todesursache jedoch bis heute ungeklärt ist.

Besuch

Der Mann kam zur Tür herein, als hätte ich ihn eingeladen, dabei war er mir fremd und auch wenig sympathisch in seinem beigen Mantel. »Weisen Sie sich aus«, sagte er, und es war solch ein Satz, auf den es nichts zu sagen gibt. Ich ging zu meinem Tisch, erbost, gestört worden zu sein, noch dazu von einem offensichtlichen Rüpel, der sich nicht einmal vorstellen konnte. Und doch durchkramte ich meine Tasche, um eine Legitimation zu finden, während der beige Herr sich auf meine Couch setzte, ohne von mir dazu aufgefordert worden zu sein. Dies freute mich insgeheim, diese weitere Frechheit, denn meine Couch war zu klein, alt und unbequem. Sie war genau das richtige Möbel für solche Subjekte wie diesen Herrn. Während ich die Lederfalten meiner Brieftasche auf der Suche nach einem Ausweis auseinanderzog, setzte sich eine Schmeißfliege auf den Mantel des Herrn. Dieser zog, ganz langsam und ohne den Körper im Geringsten zu bewegen, wie ich aus dem Augenwinkel sehen konnte, langsam die linke Hand aus seiner Tasche, formte Daumen und Mittelfinger zu einem scharf gespannten Ring und schnippte die Fliege über den Umweg eines Tischbeines ins Jenseits. »Mein Herr«, sagte ich, »Sie können meine Mitbewohner nicht derart schlecht behandeln. Bitte verlassen Sie meine Wohnung.« »Ihr Ausweis?«, meinte er fast flüsternd, und tatsächlich hatte ich noch kein Dokument gefunden. »Einen Moment«, murmelte ich, und dehnte die Lederfalten meines Etuis weiter auf, ob sich nicht in einer dunklen Ecke doch noch ein Fetzen meiner juristischen Existenz verkrochen hätte. Bald würden die Nähte oder das abgegriffene Leder, das mir so vertraut war, reißen, und immer tiefer sah ich in das Dunkel, dessen kleine Falten mir nie so bewusst geworden waren, wie gerade eben. Allein, es half nichts, ich war alleine, dergestalt, dass ich nicht belegen konnte, wer ich war. Minuten des Suchens später sah ich auf, auch der Herr war aufgestanden, und ich sagte: »Verzeihen Sie, eben finde ich keine Legitimation.« »Sehen Sie«, meinte er, »nichts anderes wollte ich Ihnen sagen.« Dann ging er ohne weitere Aufforderung, ganz wie er gekommen.

Vesper

Sie wissen schon, warum wir Sie anhalten, oder?

Die beiden Polizisten schauten den Professor Tauber an, als müsste ihm sein Vergehen pulsierend in der Hirnschale sitzen, und als wäre die Frage als eine rein rhetorische einzustufen. Doch der Professor Tauber war sich keinerlei Schuld bewusst, er saß mit seinen nun doch schon 70 Jahren inmitten der Währingerstraße auf seiner bordeauxroten Vespa, von hinten immer noch umschlungen von den Armen seiner Frau. So war das immer, wenn sie in die Oper fuhren. Und noch nie hatte ihn ein Polizist angehalten. Zudem war doch auch der Beginn der Aufführung nicht mehr fern, und zügiges Weiterkommen folglich dringend geboten.

Nein, sagte der Professor Tauber, und die Ahnungslosigkeit, mit der er dieses seinerseits fragende Nein aus sich geholt hatte, hätte einen sensiblen Beamten zumindest milde gestimmt. Den in diesem Fall jedoch zugange befindlichen zwei Exemplaren der Exekutive fehlte solcher Resonanzraum; vermutlich waren sie jung und noch nicht lange genug durch die zahllosen und feinen Schichten der menschlichen Seele gepeitscht worden, um solche Nuancen hören und einordnen zu können.

Der Sozius sitzt nicht rechtskonform, sagte der zweite Polizist, vermutlich, um zu erkennen zu geben, dass er mit seinem Kollegen im Einvernehmen wäre und der Amtshandlung daher die Bedeutung hoheitlicher Homogenität zukomme.

Sozius, staunte der Professor, dem das Wort wohl Begriff war, er es jedoch nie auf seine Frau, die er in dem Moment richtigerweise auch gemeint wusste, bezogen gefühlt hätte. Sie war ja seine Frau und sie hielt die Arme um seine

Taille, als gälte es, ihn festzuhalten, hier jetzt, bei sich, für immer. Wie ein zarter Stahlbügel umschlossen ihn diese zarten, etwas knochigen Arme, die er seit jeher zu kennen vermeinte.

Der Sozius hat, gemäß der Straßenverkehrsverordnung, sagte der erste der beiden Polizisten, *beide Beine auf einem dafür vorgesehenen Trittbrett des einspurigen Fahrzeugs abzustellen, die Dame hier* – er sagte Dame, es blieb Hoffnung – *jedoch befindet sich in einer Art Damensitz, eine Sitzeinnahme, also Position, also Gehaltung, die laut Straßenverkehrsordnung als nicht rechtskonform gilt. Ihren Führerschein, bitte.*

Der ward bald oder beinahe bald gefunden und ausgehändigt und für gültig befunden.

Entweder, sagte nun wieder das erste Exekutivorgan in breitem Fastdeutsch, *entweder setzt sich die Dame so, dass sie mit beiden Beinen das Trittbrett erreicht, oder Sie lassen das Fahrzeug hier stehen. Dies ist nur eine Verwarnung und damit haben Sie noch Glück.*

Der Frau Professor Tauber wurde es ab da ein wenig von Viel, also sehr viel. Man könnte sagen: zu viel. *Was glauben Sie, Sie junger Mensch, dass ich mich wie eine Käufliche da breitbeinig hinsetze? Das ist ordinär. Und, wissen Sie, mein Mann und ich fahren nun schon seit über 40 Jahren auf dem Moped in die Oper. Noch nie hat sich jemand beschwert!*

Seit der Fritz Wunderlich in der Zauberflöte erstmals den Tamino gab, ergänzte der Gemahl und bewies damit eine stupende Fehleinschätzung des allgemeinen Polizeiwesens und der darin erforderlichen Ausbildungselemente, infolgedessen die Sicherheitsorgane einander achselzuckend ansahen, wie nur Organe sich ansehen können. Aber der Professor unterlag noch einer weiteren, gleichsam innerfamiliären Fehleinschätzung.

Zauberflöte?, gab seine Frau zurück und löste die Arme so rasch und leicht, als hätte Artus das Schwert aus dem Stein gezogen, nur eben irgendwie negativ. *Zauberflöte? Die Schweigsame Frau, das haben wir gehört. Den Morosus hat er gesungen, der Wunderlich.*

Aber nein, mein Schatz, den hat er 1967 gesungen. Unter Karajan.

Da war er schon tot, der Fritz Wunderlich. Der Karajan noch nicht. Nazis leben lang.

Du hast recht, mein Schatz, stimmt, dann war es der Hermann Prey. Vielleicht.

Ein Bariton? – Die Frau Professor war in diesem Moment sehr gnadenlos. *Und jetzt lass uns weiterfahren, die Oper beginnt gleich.*

Aber –, sagte der eine Polizist, doch schon war das Professorenpaar nur noch Rauch in den Augen der Behörden. Schall auch. Es war ja eine 160er GS, also quasi ein Feger – seinerzeit.

Aber eben diese Behörden sandten alsbald ein entsprechendes Schreiben, mit dem der Fahrzeughalter zu einer saftigen Verwaltungsstrafe verdonnert wurde, bei deren Nichteinbringung ein Freiheitsentzug zum Tagsatz angedroht werden musste, der sich auf 24 Stunden belief, was dann auch schlagend wurde, nachdem der Professor Tauber die entsprechenden Mahnungen anhaltend ignoriert hatte.

Er trat seine Haft erhobenen Hauptes und mit Zahnbürste an, denn in derartigen Unternehmungen unerfahren, war ihm nicht bekannt, dass Hygieneartikel seitens der Strafanstalt zur Verfügung gestellt wurden.

Als tags darauf der Professor Tauber die Haftanstalt in der Josefstadt verließ und zu seiner Wohnung irgendwo in der Nussdorferstraße kam und dieselbe betrat, lag seine Frau offenen Mundes und sehr unbewegt tot im Bett. Tauber – und in solchen Situationen spielen Titel nun wahrlich keine Rolle –, also Tauber staunte nicht wenig, denn irgendwie hatte er mit einem derartigen Vertrauensverlust nicht gerechnet.

Wut stieg in ihm auf, irgendwo zwischen dem Magen und dem Hirn. Was denkt sie sich dabei, dachte er, wie stellt sie sich das eigentlich vor? Hinter seinem Rücken zu sterben, macht man das? Diese Frau, diese doch sonst kerngesunde Frau, warum seine verdammt noch einmal ihm angetraute Frau, seine Gefährtin, sein Eheweib, ja Seine Frau, warum diese feine, kluge, hingebungsvolle Zärtlichkeit in seiner kurzen Abwesenheit gegangen war. Etwas Derartiges war nicht ausgemacht, und er schnürte seine Disziplin zu einem Bündel, warf das Leintuch über das, was seine Frau gewesen war und rief das zuständige Amt an.

Die Obduktion ergab einen Aortariss, eine in diesem Alter nicht ungewöhnliche Todesursache, gegen die auch in Präsenz des Gemahls wenig hätte unternommen werden können, was vielleicht das Gemüt beruhigen, den Verlust jedoch nicht merklich mindern konnte.

Der Professor Tauber war nun alleine, er staubte die Regale und Kästen der Wohnung ab, kochte sich Eier mit Speck, las das Feuilleton deutscher Zeitungen und nahm eine wartende Haltung ein, die ihm selbst nicht gegenwärtig und für seine Situation auch ungewöhnlich, wenn nicht gar unangebracht schien.

An seinem Geburtstag, dem 7. November, von dem er immerhin noch wusste, dass es der Geburtstag Platons gewesen sein soll, ging er den Weg nach Döbling hinauf, wo er mit seiner Frau traditionellerweise an ebendiesem Tag einen Heurigen besucht hatte. Und dann, als er die Kante des Hugo-Wolf-Parkes erreichte und auch das Straßenschild las, griff seine rechte Hand in die linke seiner Frau.

Seine Hand griff nach einer Hand und umklammerte bald eine Luftsäule, eine ausgeatmete Gewohnheit. Weggeschmolzen. Jetzt erst war sie ihm verschwunden, seine Frau, jetzt erst erfasste er die Leerstelle in einem ausbleibenden Gegendruck. Ungläubig sah er auf seine Finger hinab, sie waren noch gekrümmt, doch haltlos geworden. Wie, wenn wer beim Klettern ausrutscht, reflexartig nach einem Felsvorsprung greift und in der Bewegung schon innewird, dass es vergebens, dass der Sturz nicht aufzuhalten war. Er fiel.

Erst mit diesem Erleben hatte der Tod beim Professor Tauber Einzug gehalten, erst jetzt war jemand weg und dieser Andere da.

Und mit diesem wohnte er nun, er schenkte ihm Erinnerungen und eine leergeräumte Gegenwart. Und doch konnte der Professor das Abonnement der Staatsoper nicht verfallen lassen, weswegen er gleichsam unwillentlich, doch sehr bestimmt – weil uns das Unbestimmte häufig mehr antreibt als jedes Vorhaben – am 12. Dezember, einem erstaunlich herbstlichen Tag, auf seinen Motorroller stieg und von der Wohnung zur Innenstadt hin fuhr. Auf der Höhe des Josephinums dann, fragte er sich, was denn eigentlich gegeben werde, heute Abend. Sang der Fritz Wunderlich? Der Hermann Prey? Oder gab nicht die Christa Ludwig die Konstanze? Der Belmonte, was für eine Rolle! »Hier soll ich Dich nun sehen, Konstanze«, was für eine Arie! Und der Janitscharenchor am Schluss, ein Jubel! Und die Ludwig. Und die Stimme. Diesen Mezzo noch einmal zu hören. Und Prey und Wunderlich in Paraderollen. Man spielte doch die Entführung. Oder?

Aber, wo war überhaupt der Arm um seine Taille? Der Arm!

Es knatterte dahin, sein Moped, wobei ihn eine dunkle Form der Freiheit umfing, eine schlotternde Freiheit, eine kalte, feindselige. Es war die Freiheit eines absterbenden Baumes, in den im slowenischen Karst der Wind greift, armlos, ausweglos, umarmungslos.

Und während er – das Hotel Regina im Rücken – an der Seitenfront der Votivkirche auf seinem bordeauxroten Einspurer entlangfuhr, blickten ihm zwei Exekutivorgane nach, die im Wiedererkennen eine kleine Freude hoheitlicher Sinngebung in sich aufwallen spürten, und sich mit ebendieser hoheitlichen Genugtuung gegenseitig versicherten, dass eine bereits geringe Verwaltungsstrafe doch oft Wunder wirkt.

Staatskunst

Die österreichische Beamtenschaft ist immer wieder für Überraschungen gut. Nicht nur, wenn man beharrlich auf fehlende und noch immer fehlende und wieder anders fehlende Unterlagen und Dokumente hingewiesen wird, die das Amt zur Bearbeitung des gegenständlichen Anliegens benötigt, oder wenn die Zuständigkeit leider in einem anderen Referat angesiedelt ist – nein, manche Beamte sind wahrhafte Künstler, wobei sich dies weniger auf einen Malkurs in der Erwachsenenbildung oder die Mitwirkung im Kirchenchor bezieht, sondern vielmehr auf die Art und Weise, wie sie die Ausübung ihrer ureigensten behördlichen Zuständigkeit gestalten.

In denk- und erinnerungswürdiger Weise tat dies der Regierungsrat Mauser, der im Ministerium für Soziales Dienst versah. Er ging einer Tätigkeit ohne Parteienverkehr nach, was der Entfaltung unorthodoxer Herangehensweisen an wie immer gearteten Geschäften seit jeher dienlich war, umso mehr als der retardierende Wirklichkeitssinn des Publikums nie an seine Pforte klopfte. Manche behaupteten, sie hätten den Regierungsrat Mauser überhaupt nie gesehen, andere schlossen aufgrund eines sonst weiter niemandem zuordenbaren Schattens auf seine Existenz. Als unabweisbares Indiz, dass es ihn wirklich gab, darf jedoch gelten, dass bis heute ausreichend Aktenfaszikel existieren, die von ihm abgezeichnet worden sind. Und damit sehen wir uns schon der Kunst des Regierungsrates gegenüber: die Bearbeitung von Akten, mit der es wahrlich seine Eigenheit hatte. War er nämlich bei der Durchsicht eines solchen an einen toten Punkt gelangt, jenen Ort also, der das natürliche Ende hoheitlichen Engagements bezeichnet, dann rückte er sich einen Notenständer in die Mitte seines Arbeitszimmers, stellte die Unterlagen darauf ab, schlug das Aktenkonvolut auf, rückte seinen Sessel in drei Meter Entfernung und begann von dort aus den Fall zu betrachten. Regungslos saß er dann da, leicht vorgebeugt und wie in sich versenkt, wohingegen er ja in Kenntnis des Vorganges genau umgekehrt als in den Akt versenkt vorgestellt werden muss. Oder auch das wieder nicht. Der Regierungsrat Mauser nahm eine Haltung *sub specie aeternitatis* ein, er hob den Blick über die Wirrungen des Alltags und der Zwänge der Amtsstuben, bis ihm jenes Detail ins Auge sprang, das, kaum sichtbar, den Hebel zur – für beide Parteien – zufriedenstellenden Erledigung des Falles bot.

Es nimmt kaum Wunder, dass der Regierungsrat von seinen Kollegen als Narr angesehen wurde; und nicht selten verließ einer von ihnen das Zimmer, das er eben erst betreten hatte, angesichts des für diese Welt nicht mehr erreichbaren Beamten mit kopfschüttelnder Selbstzufriedenheit, der doch auch ein bitterer Tropfen an Verunsicherung beigemengt war.

Mauser indes kann nicht anders gesehen werden als ein Künstler, so etwa, wie Leonard Bernstein, wenn er eine Partitur Gustav Mahlers studierte oder jemand, der sich in das Lacrimosa von Mozarts Requiem vertieft und dafür sich mühsam eine Erlaubnis seitens der in Besitz des Originals befindlichen Österreichischen Nationalbibliothek verschafft, um noch die letzte authentische Note des Genius gleichsam zu riechen. So saß er da, ein kaum je umjubelter Dirigent sozialer Angelegenheiten, dem der Nachruhm bis zum heutigen Tage nur in jenen Schichten und Familien sicher ist, die keine Stimme haben.

Das Gähnen Oblomow

Immer wieder hatte ich beim Öffnen der Lifttüre das Gefühl, in der Kabine irgendwann einmal einen Leichnam dort liegen zu sehen. Zu Unrecht, denn dieser eigentlich mit hoher Sicherheit zu erwartende Fall trat nie ein. Nicht einmal mein kleiner Wunsch, es möge sich irgendeine Mumie in dem Aufzug finden, irgendein Ramses, aus dessen trockenen Tüchern der ein oder andere Knochen herausragte oder dergleichen, ging in Erfüllung. Stattdessen aber saß eines Morgens ein Gähnen im Lift. Es war an einen Mistelzweig gebunden, neben seiner gelangweilten Disposition vielleicht mit ein Grund, weswegen es ruhig sitzen blieb. Irgendwie war ich enttäuscht und verwundert zugleich.

Doch da man mit den Jahren bescheiden wird und sich mit dem bescheiden lernt, was vorhanden und erreichbar und ein Leichnam nirgendwo zu sehen war, hob ich das Bündel auf und trug es in die Wohnung.

Ich nannte mein Gähnen »Oblomow« – eingedenk des im Schatten der übrigen russischen Großautoren mitunter fast vergessenen Schriftstellers Iwan Gontscharow –, wobei es weniger einem saturierten Adeligen glich als es eher einer Katze ähnlich sah, die sich auf meiner Couch eingeringelt hatte, nur, dass statt des wohligen Schnurrens hin und wieder ein langes Einatmen zu vernehmen war, dem der erst regelmäßige, dann tief abfallende Ton des Ausatmens folgte. Dann war es wieder still.

Irgendwie fühlte ich mich, nun, da es in meiner Wohnung war, für das Gähnen Oblomow verantwortlich, und ich schaltete ihm, da ich noch arbeiten musste, den Fernseher ein. Dort lief eine Sendung für Kinder, zumindest wollte es mir so scheinen, bei der rein zufällig gecastete Personen

Fragen vorgelegt bekamen und bei falscher Beantwortung bestimmte Aufgaben erfüllen mussten, wie etwa in ein Glas ohne Maßstrich exakt 250 ml einer bunten Flüssigkeit füllen. Auf einer Tribüne saßen Schulklassen im Halbkreis, für die das vermutlich als Bildungsausflug ausgegeben worden war.

Wie ich hätte vorhersehen können, meldete sich das Gähnen von der Couch her bald so nachhaltig und laut, dass es schon eher Schmerzenslauten glich; als hätte jemand mit Salmiak zu gurgeln begonnen, wodurch es mir nicht weiter möglich war, meine Arbeit fortzusetzen. Ich schrieb nämlich gerade an einem Artikel über den Kaiserkult im frühen Christentum, eine heiß diskutierte Problematik, die meine volle Konzentration erforderte, andernfalls mir Fehler unterlaufen wären, die mich in Fachkreisen über Jahre hin diskreditiert hätten.

Ich schaltete also den Fernseher ab, was jedoch ebenfalls mit einem Gähnen quittiert wurde, wenngleich nicht mehr mit einem solchen, das durch Mark und Bein des Mitleidens ging. Oblomow schwieg.

Lange konnte ich mich der Befindlichkeit des Gähnens allerdings nicht widmen, denn neben meiner wissenschaftlichen Arbeit musste ich mich auch den Vorbereitungen für das Abendessen widmen. Ich hatte das Ehepaar Herder und Lina, meine Freundin, eingeladen und wollte unbedingt dem mir vorauseilenden Ruf eines ausgezeichneten Kochs gerecht werden. Außerdem ist Kochen das Meditieren der Rastlosen, und wer es nicht lange aushält, vor einem Gummibaum zu knien und Chakren aufzuzählen, dem gelingt es erfahrungsgemäß doch recht passabel, psychische Stabilität im Rühren von Saucen zu finden. Und genauso war es auch. Beim vorsichtigen Einordnen der Krautrouladen in einen gusseisernen Topf war ich bereits ganz ruhig geworden, hatte das Gähnen Oblomow vergessen und eine Flasche Wein zur Hälfte gelehrt.

Pünktlich um eine halbe Stunde zu spät erschienen meine Gäste. Wir plauderten, aßen und tranken, wobei mir zusehends auffiel, dass der Abend nicht so recht in Schwung kommen wollte, im Gegenteil er eher matter und matter wurde. Zähflüssig überquerte die Konversation den Esstisch und immer häufiger beobachtete ich ein verzerrtes Kinn über einem verkrampften Hals, welche mimische Eigenart zweifelsfrei auf ein anstandshalber unterdrücktes Gähnen rückschließen lässt.

Nun erst fiel mir Oblomow wieder ein. Er saß unverändert auf der Chesterfield-Couch, nun aber mit einem Gesichtsausdruck, der freudige Zufriedenheit zu erkennen gab. So war das also, dachte ich, du bist ein kleiner Vampir, der Interesse, Lust und Lebensgeister aus meinen Gästen saugt. Was habe ich mir nur in mein Heim geholt! Gleichzeitig stellte ich erstaunt fest, dass mein Gähnen sich offensichtlich nur auf meine Gäste gestürzt, mich aber von seiner Lust ausgenommen hatte. Ich war hellwach und geradezu kraftstrotzend wie selten sonst.

Und noch während diese Erkenntnis in mir aufstieg, erhob sich das Ehepaar Herder, und auch Lina stand auf, um unter den allerfadenscheinigsten Erklärungen und kaum verständlichem Entschuldigungsgemurmel in die Mäntel und zur Türe hinaus zu schlüpfen.

Mit einem Glas Kognak setzte ich mich zu Oblomow und starrte vor mich hin. Was sollte ich nur mit ihm machen? Er stellte mich vor ein soziales Problem. Zumindest. Er behinderte meine Arbeit oder tauchte mein Umfeld in bleierne Müdigkeit. Erst nach dem dritten oder vierten Glas Kognak wurde ich der Lösung ansichtig: Ich konnte ihn für meine Zwecke einsetzen und zu Konferenzen am *Institut zur Erforschung der Spätantike im Mittelmeerraum* mitnehmen. Diese Sitzungen waren mir stets eine Qual gewesen, drehte es sich doch meist um Fragen wie etwa die, ob die Institutsbibliothek künftig nicht mehr mit Straßenschuhen betreten werden dürfe, und wenn dem so wäre, die infolgedessen erforderlichen Filzpantoffeln seitens der Universität oder seitens der Studierenden zu besorgen seien. In solchen Sitzungen, in denen es mir nur mit Mühe gelang, nicht in Minutenfrist in Tiefschlaf zu fallen, war ein Vademecum, das mir die Umkehr der Situation ermöglichte, nur allzu sehr willkommen. Ich berichtete dem Gähnen von diesem Vorhaben, bemerkte aber bald, dass es schon eingeschlafen war. Ich deckte es mit einem Handtuch zu und legte den Mistelzweig daneben hin. Oblomow sollte nicht ganz alleine sein, wenn er nächtens kurz wach würde.

Wenige Tage darauf war es soweit. Ich ging wie so oft in das altehrwürdige Institut, wo mich nach den Säulengängen und Büsten und bunten Unmutsbekundungen diverser rechts bis links verorteter Studierender die wöchentliche Institutskonferenz erwartete. In meiner Tasche trug ich mein Gähnen, das gerade noch neben die Unterlagen gepasst hatte. Nein, um es ehrlich und genau zu sagen: Ich hatte keine Unterlagen, nie noch, aber erstmals neben leeren Zetteln auch den Traum eines Komplizen im Handgepäck.

Und Oblomow erfüllte meine Hoffnungen und vielleicht auch Erwartungen über alle Maßen. Noch während des Verlesens des letzten Sitzungsprotokolls senkte sich eine lähmende Dämmernis auf den Vorstand, die Stellvertreter und deren Stellvertreter, mithin auf alle, die an der beratenden U-Tafel Platz genommen hatten. Kurz drauf begann kanonartig jenes Geräusch, das mir durch Oblomow nur zu sehr vertraut war. Ein langes Einatmen und ein Ausatmen, das unterdrückt zu werden suchte, doch aber ab und an als fast befreiendes Stöhnen seinen Weg in die Runde fand.

Es nimmt nicht Wunder, dass die Sitzung bald ihr Ende nahm, und Entscheidungen vertagt wurden, was substantiell nicht anders war als bei jeder anderen Sitzung, nur eben, dass jene ob der allumfassenden Müdigkeit nur einen Bruchteil dessen gedauert hatte.

In den kommenden Monaten hielt ich es weiterhin so, was zur Folge hatte, dass immer weniger Sitzungen seitens des Institutes einberufen wurden, bis infolge um sich greifender Furcht vor der Müdigkeit derartige Zusammenkünfte ganz aufhörten.

Doch was mir sehr willkommen war, war mir in Hinblick auf mein Gähnen Oblomow sehr unwillkommen. Sein Betätigungsfeld ward erloschen und so saß es neuerlich wie unterbeschäftigt auf meiner Couch.

Eines Morgens, ich weiß es noch genau, ich hatte mich am Abend mit dem Fortleben des Martyriums als Motiv und Movens der modernen Literatur beschäftigt, lag ein vergessener Erzählband von Kafka auf der Couch, worin sich naheliegenderweise auch die Komödie »In der Strafkolonie« fand. Und zum ersten Mal seit Wochen hörte ich vom Gähnen kaum einen Laut. Es war wie ausgewechselt.

Oblomow, willst du mehr, fragte ich dummerweise, denn eine Antwort konnte ich von meinem Gähnen nicht erwarten. Also legte ich ihm weitere Bände meiner Kafkaausgabe ungefragt, wie denn auch, auf die Chesterfield, wie ich sie nannte, und bekam den Eindruck stetiger Zufriedenheit. Es war mucksmäuschenstill.

Nur eines machte mir Sorgen nach den Tagen der Ruhe und Stille, in denen ich meine Arbeit an der Patristik und deren Bezug zum Paganen weiterführen konnte, nämlich, dass mein Gähnen immer kleiner und schmäler wurde, je mehr es sich in die Literatur vertiefte. Es schien zu schmelzen, oder mehr noch, es war, als ob es von den Büchern, die neben ihm lagen, nun ihrerseits ausgesaugt, als verflüchtigte sich die Kraft des Gähnens hinein in die Buchseiten.

Einmal legte ich, um die Probe zu machen, einen Band von Paulo Coelho auf die Lehne, nur auf die Lehne, meiner Couch. Schon nach wenigen Minuten vernahm ich ein fast schreiendes Gähnen, das jeden Kerkermeister im Spätmittelalter – also um das Jahr 1432 – zu Tränen gerührt und die der Zauberei bezichtigte Hexe, zwar mittlerweile ohne Fingernägel und Zähne aber doch gleichsam heil, ganz ohne Prozess in Freiheit gesetzt hätte.

Ich wurde ratlos. Freilich konnte ich Oblomow weiterhin Bücher geben, deren Qualität seinen Ansprüchen genügten, Kleist und so Zeug, aber, dieses hatte ich hinlänglich bemerkt, würde das Gähnen unweigerlich in den Tod treiben, da es offensichtlich an der Freude, die es selbst empfand, Schaden nahm. Alles Interessante und Hochwertige konnte es genießen, es schmälerte jedoch sein ohnedies schutzbedürftiges Wesen. In einer Welt der unablässigen Aufregung war dies nur allzu leicht verständlich. Aber ganz offensichtlich lag ein Interessenskonflikt vor: Langweilte sich mein Gähnen, wurde es laut, kräftig und störte meine Arbeit. War seine Aufmerksamkeit in Anspruch genommen, versagten seine Kräfte mehr und mehr.

Wochen gingen dahin. Mein Gähnen lag auf der Couch und ich versuchte immer noch in meinen Studien den Konflikt zwischen Marcion und Tertullian geistesgeschichtlich zu fassen, einen kleinen theologischen Streit, der die Geschichte des Abendlandes dennoch prägen sollte. (Und ganz generell ging mir das Verhältnis des Monotheismus in einem heidnischen Umfeld nicht aus dem Sinn, das sich vom Pharao Echnaton bis ins zehnte oder elfte nachchristliche Jahrhundert zog.)

Aber wir waren eben kein Paar, Oblomow und ich. Ging es dem Gähnen gut, wurde es kleiner, wurde es kleiner, ging es mir nicht gut. Ich machte mir Sorgen um mein Gähnen ebenso wie um mich.

In Summe, soviel wurde mir in dieser Zeit deutlich, war das keine Partnerschaft mit Zukunft.

Da fiel mir eine Broschüre in die Hände, wonach das ehrwürdige Gebäude des Parlaments nach dessen »umfassender Restaurierung und Modernisierung«, wie es hieß, wenige Tage lang frei zu besichtigen wäre.

Oblomow, sagte ich, das ist deine Chance! Machen wir eine solide Trennung, und du kommst dorthin, wo dein ureigenstes Habitat ist, gleichsam eine artgerechte Haltung dir angedeiht, du kommst zur gewählten Volksvertretung.

Und auch wenn sich mein Gähnen nicht wirklich dazu äußerte, das muss ich im Rückblick eingestehen, war es doch so gekommen: Wir gingen gemeinsam ins Parlament, und dort in den Reichsratssitzungssaal, dem prunkvollsten der prunkvollen Säle, wo an ionischen oder dorischen, nein, korinthischen Säulen die Großen des Altertums in steinernen Togen angelehnt waren. Wie ein vergessenes Schulbuch lasen sich die Gesichter von Platon und Demosthenes, Cäsar, Perikles und anderen Karrieristen aus dem mediterranen Raum. All dies wurde durch den Kulturvermittler, den die Besuchergruppe geflissentlich »Führer« nannte, wortreich erklärt, nicht aber, warum, trotz solcher Penaten, vor etwa hundert Jahren der Eigensinn letztlich obsiegt hatte, und damit dieses seltsame Konstrukt eines transnationalen

Nationalstaates, jenes eigentümliche Österreich, sein Ende fand. Aber dies war nur ein nebensächliches Bauchgefühl an diesem Tag.

Wie immer auch, in einem mir unbemerkt erscheinenden Moment bugsierte ich das Gähnen unauffällig hinter die Statue des Seneca.

Ciao, Oblomow, flüsterte ich noch. Es war ein Flüstern, das sich irgendwie hinter die Säulen zog ohne jede Erwiderung erwarten zu können. Nur beim Hinausgehen, als ich dem diensthabenden Aufsichtsorgan einen schönen Abend wünschte, da antwortete er mir entgegen der Hausordnung mit einem langen Gähnen.

Danke, Oblomow, sagte ich, der Amtsdiener aber meinte: Nicht Oblomow, ich heiß Almuf.

Einen schönen Abend, Herr Almuf, korrigierte ich mich höflich.

Zu Hause fühlte ich mich einsam, aber ich konnte endlich meine Studie vollenden. Ich war eben bei der abschließenden reichstheologischen Bewertung von Tertullians »Apologeticum« angelangt und bezeichnete seine lebenslange Strategie als eine Mischung aus »spätantikem Stoizismus und frühchristlichem Fundamentalismus«. Dafür würden mich meine Fachkollegen hassen. Aber das war ich dem Gähnen Oblomow schuldig. Zufrieden, aber einsam, legte ich mich mit einem Mistelzweig am Handgelenk zu Bett.

Das geheime Dokument

Wir sind Schleppenträger. Um kein Missverständnis zu provozieren: Schleppenträger des Königs. Es gibt viele von uns und doch ist die Zahl überschaubar, und der Zugang zu diesem Berufe zwangsläufig beschränkt. Innerhalb des Palastes werden wir bewundert, heimlich jedoch, meist argwöhnisch, beobachtet. Manch Höfling meint, wir wären ein Staat im Hofstaat, womit auch ein wahrer Kern getroffen ist, obgleich er als Höfling lediglich mit eher minderem Verstand ausgestattet ist.

Wir Schleppenträger ordnen uns nach unterschiedlichen Rangstufen, gemäß der Verweildauer am Hof und unserer Fähigkeiten, die laufend überprüft werden und unser Fortkommen beschleunigen oder verlangsamen, je nach Urteil der dazu eigens eingerichteten Kommissionen.

Bei Eintritt in den Berufsstand gilt man als Novize und ist vom tatsächlichen Tragen der Schleppe ausgenommen, jedenfalls noch Jahre und Zuchtstunden weit entfernt.

Den langen Weg, der vor ihnen liegt, beginnen die Novizen mit bloßem Beobachten und sehendem Lernen, was von den Kommissionen klug festgelegt wurde, denn die Neuankömmlinge kommen aus unterschiedlichen Teilen des Reiches und aus Städten und Dörfern, wo sie aufgespürt wurden, sie sind meist ärmlicher Herkunft und können ihr Glück kaum fassen, im Zentrum aller Macht wie in Vergessenheit geratene Söhne aufgenommen zu werden, und sie saugen was sie sehen wie ein Schwamm auf. Dem entsprechend sind sie ungestüm wie lehrsam zugleich.

Und gleichzeitig schlägt ihnen gleich doppeltes Misstrauen entgegen: Die älteren Träger fürchten stets den Nachwuchs, geht von ihm doch immer auch der Nimbus kommender Generationen aus, der ganz zwangsläufig auf die drohende Nutzlosigkeit der alten Regimenter abzielt und, Gott bewahre, den seit Jahrhunderten bewährten Ritus weichwäscht, denn die Hohe Kunst des Schleppentragens gerät ihrer Meinung nach mehr und mehr in Vergessenheit, wie auch der Mantel des Königs selbst, ihrem Urteil zufolge, an Glanz eingebüßt habe, gar weniger golddurchwirkt und im Ganzen sowohl kürzer wie matter geworden wäre. Doch, was will man sagen, das eigene Herumtollen als Novizen und alle Unbezwingbarkeit und Neugier liegt lange hinter ihnen zurück, es ist eine geschmolzene Erinnerung, die nicht einmal mehr als Pfütze taugt.

Hin und wieder spielen die Novizen mit diesem Atout der Jugend, was eventuell dem Übermut dieses Lebensalters zu schulden ist, wenngleich ihnen die unsichere eigene Position an den flinken Bewegungen ihrer Augen abgelesen werden kann. Wie gehetzte Rehe versuchen sie durch den Palast zu schreiten, wobei man manchem noch ansieht, dass er bis vor kurzem lehmige Bauernschuhe getragen hat. Und dann sind die übrigen Höflinge besonders für die jungen Schleppenträger eine Bedrohung, eben aus der erwähnten Eifersucht heraus, die sich gerne an den Schwächsten einer beneideten Gruppe entlädt, was mitunter zu stillen und umso erbitterteren Grabenkämpfen führt. Die Novizen auf dem glatten Parkett des Palastes ausrutschen zu lassen, zählt zu den liebsten und zeitintensivsten Tätigkeiten manch Alteingesessener.

Die verletzliche Position, in der sich die Novizen befinden, hat dazu geführt, dass sie den besonderen Schutz des Königs genießen und sich frei im Palast bewegen dürfen. In der ihren spärlich beschiedenen Freizeit dürfen sie in jede Ritze äugen, jeden Raum betreten und förmlich jedes Blatt umdrehen, sodass sie bereits in jungen Jahren über mehr Kenntnisse bei Hof verfügen als so manch langdienender Sekretär, dem die

Organdisziplin verbietet, in Akten einer benachbarten Abteilung Einsicht zu nehmen.

Wenn Schleppenträger der obersten Rangstufe ausscheiden, werden zwei Novizen für die unterste Stufe des Schleppentragens für befähigt befunden. Solcher Vorgang ist zwingend, doch auch leicht zu haben, da nach den Jahren des Herumtobens und unablässigen Lernens die Novizen zwingend ihre Zähne in das Fleisch ihrer Berufung schlagen müssen. Sie dürfen fortan ganz in der Mitte, eng nebeneinander den Mantel des Königs tragen, umgeben von den Trägern höherer Stufen. Für Außenstehende wirkt diese Position wie eine Ehrenposition, in Wahrheit aber ist sie die geringste und einfachste. Denn es gilt nur, die Bewegungen der anderen nachzuvollziehen, weiter aber nicht in die von außen bestimmte Bewegung einzugreifen. Der Zweck dieser Position besteht einzig darin, dass die beiden Neuen lernen, wie ein Körper zu agieren, gleichsam zu verschmelzen, denn wenn sie aufsteigen, was keineswegs gewiss ist und von den weiter scharf kommissionell beobachteten Fähigkeiten abhängt, werden sie ein Leben lang gemeinsam arbeiten. Dann aber nicht mehr dicht an dicht. Und scheitert der eine oder scheidet der andere aus, dann ist es auch um seinen Zwilling getan. Selbstredend unterstützen die Träger sich daher über jedes Maß hinaus und werden über die Jahre hin, die selbst diese erste Stufe dauert, ein Wesen mit doppelten Gliedmaßen. Und erst, wenn sie selbst nicht mehr unterscheiden können, wer von beiden was denkt oder fühlt oder tut, wenn sie sich ineinander aufgelöst haben, kann ihnen eine Zukunft als Schleppenträger an dem fahlen doch höfischen Horizont dämmern.

Dann jedoch, haben sie sich bewährt, kommt der schwierigste Zeitpunkt in ihrem Berufe, denn sie werden getrennt und Schleppenträger der Stufe zwei, das bedeutet, sie flankieren zwei Neuankömmlinge und tragen den golddurchwobenen Mantel des Königs nun zwischen den Rangstufen eins und drei. In dieser Funktion, so sieht es die Kommission und auch die Übung im Palast vor, müssen die beiden nun getrennten Zwillinge eine gemeinsame Sprache erlernen, mit der sie über die Distanz der zwei Neuankömmlinge hinweg treffsicher handeln können. Durch die genaue Kenntnis des anderen, die Kenntnis jeder Augenbraue und ihrer Bewegung und deren Bedeutung, eine veränderte Innenstellung des seidenen Schuhs, das Heben oder Senken einer Schulter wissen sie bald einander zu sagen, was sonst niemand verstehen kann, da es eine ganz individuelle Sprache ist, die jedes neue Paar von Schleppenträgern für sich entwickelt, erfindet – die es ihnen allerdings ermöglicht, ganz im Gleichklang miteinander die Bewegungen der höher gestellten Träger mit zu vollziehen. In all den Jahren, in denen sie in dieser Position verharren, entwickeln sie eine so ausdifferenzierte Sprache, wie sie unsere gesprochene nicht kennt. Feinste Nuancen sind durch kaum bemerkbare Muskelbewegungen mitgeteilt, die dem jeweils anderen über die Distanz und durch die schwer lastenden Livreen hindurch lesbar, hörbar, fühlbar, erkennbar sind. Es bedürfte einer neuen Art des Wörterbuches, diese Zwiesprache zu dekodieren, doch es wäre insoferne auch sinnlos, als jedes neue Paar der zweiten Rangordnung eine ganz singuläre Sprache entwickelt, die aus den jeweils einzigartigen Körpern erwächst und folglich nie verallgemeinerbar wäre. Auch wäre unsere Schrift nicht in der Lage, solche Abstufungen adäquat widerzuspiegeln. Zu diesem Zeitpunkt ruht die schützende Hand des Königs allerdings nicht mehr so vertrauensvoll auf den Schleppenträgern. Sie werden beurteilt nach dem, was sie vermögen, umso mehr ist das Erlernen einer gemeinsamen Sprache den Trägern der zweiten Rangordnung eigen – und angeraten.

Steigt man in den dritten Rang auf, ist das Rennen fast gewonnen, denn man ist auf der vorletzten und daher zweithöchsten Stufe angelangt. Sie gilt als einfachste und schwerste zugleich, da sie über keine konkreten Vorgaben verfügt. Es gilt, das Erlernte zu verfeinern und die Gelegenheit zu nutzen, den ganz außen gehenden Schleppenträgern ihr Geheimnis durch bloßes Zusehen zu entreißen. Es sind dies Jahre des Eindringens in ein Gebiet, für das es keine Aufzeichnungen und kein Reglement gibt, wenngleich das gesamte Reglement just auf dieser Fähigkeit fußt. Auch innerhalb der Kommissionen gibt es dazu nichts Verbindliches, denn es geht eher um so etwas wie das absolute Gehör, das auch nicht zu erlernen, vielmehr zu entdecken ist. Das Gehabe wird seiden wie der Mantel des Königs selbst. Es ist dies eine Übung beinahe religiöser Meditation gepaart mit jener Wachsamkeit, die den vorherigen Stufen eignet, nur um ein geradezu unmenschliches Maß verfeinert. Eine aufmerksame Routine heftet sich an den Saum und die Augen sind in peripherer Wahrnehmung, die selbst das scheinbar hinter ihr liegende zu erkennen und einzuordnen vermag, geschult und lernend zugleich. Und wird das Haar nicht nur grau, sondern schütter, kann es gelingen, dass zwei der seit Jahrzehnten gemeinsam dienenden Schleppenträger den vierten und höchsten Rang erklimmen.

Nun schreiten sie ganz außen, den goldgesäumten Enden des königlichen Umhanges so nahe wie niemand sonst im Reich. Ihre Fähigkeit ist so weit gediehen, dass sie keine Sprache mehr benötigen. Wie verschränkte Quanten bewegen sie sich im sofortigen Gleichklang. Über Jahrzehnte des Dienens hindurch sind sie ätherische Gestalten geworden, eher Engeln ähnlich und beinahe durchsichtig. Und sie bewegen, obschon sie ihn nicht sichtbar berühren, den Mantel die Königs hier- und dorthin. Und der König folgt dieser stofflich nicht mehr nachweisbaren Geste seiner Schleppenträger. Biegt er ab, dann haben diese es gewollt, bleibt er durch ein unmerkliches Ziehen im Umhange stehen, haben sie es veranlasst. Ob er nach rechts oder links abbiegt, es liegt in der Hand der Träger. Wen der König grüßt, wen er kühl ignoriert, oder im Gegenteil gar einen zweiten Satz schenkt, sie veranlassen solches im Bruchteil gelernter Sekunden. Selbst seine Hand unterfertigt oder verweigert die Unterzeichnung von Dekreten, die über Krieg oder Frieden entscheiden, ganz nach dem Führen und Lenken und dem Willen der beiden Randträger. Wie durch unsichtbare Bänder führen sie den König wie sich selbst in die feinsten und folgenschwersten Kammern der Macht. Die allermeisten Außenstehenden können diesen Rang von Schleppenträgern auch gar nicht mehr erkennen. Selbst bei den traditionellen Zeremonien vor dem Volk weiß kaum jemand von acht Trägern, denn das wäre die gesamte Zahl, zu berichten.

Und wenn die Menschen sagen, der König wäre nur eine Marionette, dann denken sie zuallerletzt an die Schleppenträger der Rangordnung vier. Noch weniger aber denken sie daran, dass es dem Vernehmen nach ein Dokument gibt, das die Schleppe des Königs für Zierrat und also bloße Beigabe, letztlich Tand oder Schmuck erklärt; einen amtlichen Akt, wonach der König auch der Schleppenträger entbehren kann. Diese selbst meinen, es wäre ein Gerücht von Feinden innerhalb des Palastes, aber in ihren Gesichtern kann man sehen, dass ihnen die Angst darob nicht verloren gehen will.

Und nur ich weiß, dass diese Angst nicht unbegründet ist. Immerhin gelang es mir, als mittlerweile greiser Hofarchivar, dieses Dokument bis heute unter Verschluss zu halten.

B

Kleinigkeiten

Bataille d'Essling

Das größte je gebaute Auto war der VW-Käfer der 1960er- und -70er-Jahre. In ihn passte schlichtweg alles hinein. Und so wurde er auch beladen. Sonntags packte man Großmütter, Tanten, Kinder, Ehegespons, sich selbst und eine Jause hinein und raste durch die Vorstädte dem Grünen zu. Im Wageninneren roch es nach 4711 Kölnisch Wasser, das von der Schar der Tanten und Omas den Kindern präventiv zur Abwehr von Gelsen über Arme und Beine geleert wurde, und stand ein Schupo am Straßenrand, warfen sich exakt so viele Personen zu Boden, dass das wachsame Auge des Gesetzes gerade einmal fünf aufrecht Übriggebliebene zu Gesicht bekam. Dies war auch insoferne eine leichte Übung als es keine Gurte gab, die die freie Bewegung in der Kabine behindert hätten. Und wohin diese Reise dann ging, in welches Grüne, in welche wilde Natur? Zum Schüttkasten von Essling selbstverständlich, ein friedlich vor sich hin verfallendes Geviert, das in der 1809 verorteten Schlacht gegen Napoleon jene Rolle spielte, wie der viel, viel bekanntere Gutshof La Haye Sainte in jener bei Waterloo. Dort, im Schatten des Schüttkastens, neben einem Feldweg, wurde das Auto geparkt, seine wertvolle Fracht entladen und mit dem Picknick begonnen. Bald türmten sich auf der mit Geschirrtüchern bedeckten Schnauze des VWs Würste und Paradeiser, Feldgurken und die rote Wachskugel eines Geheimratskäses, einer jener zwei Käsesorten, die neben dem Emmentaler im Wien der beginnenden 1970er in Supermärkten angeboten wurden. Die Kinder tobten durchs Feld, um den Ausführungen zur Schlacht bei Aspern – deren Ablauf und Geschehen sie wie eine Ballade von Schiller aufzusagen vermochten – zu entgehen, die Großmütter und Tanten taten es ihnen, aus welchen Gründen auch immer, gleich. An Unbeschwertheit solcher Ausflüge nahm es nur noch der Himmel auf, dem der größte Malermeister barocke Wolken aufgepinselt hatte, die artig an Ort und Stelle blieben, als wären sie Teil eines Deckenfreskos von Maulbertsch. Ja, so waren diese Tage, diese Sonntage, diese Ausflüge. Man wünschte, es bliebe Tag und die Preußen kämen nicht.

Ohnglücksklee

Er war jener Typ Mensch, der den dreiblättrigen Klee findet. Während seine Umgebung die Umgebung mit gesenktem Haupt abtastete, ob nicht doch ein Glücksklee irgendwo zu entdecken wäre, der frisch oder zwischen Bücherseiten getrocknet dann einem besonderen Gegenüber überreicht werden konnte, sah er das Viele, das sonst unbeachtet blieb, die glücklosen Kleeblätter, kniete bei ihnen nieder und betrachtete sich in ihrer beharrlichen Bedeutungslosigkeit selbst. Und doch gab es etwas, das nicht im Rückspiegeln sein Ende fand. Die drei Blätter des Klees, die Wicken am Rande der Bundesstraßen, die violetten Blüten der Taubennesseln, sie alle wurden gesehen, und man kann nun nicht sagen, sie fühlten sich gesehen, denn wem stünde es zu, über Gefühle von Pflanzen zu reden?

Sturm Schweigen

Nur aus Langeweile beginne ich zu schreiben. Der innere Drang ist mir fremd – oder wenn denn nicht fremd, dann doch fruchtlos. So richtig Spektakel gibt es erst, wenn die fehlenden Ereignisse sich den Rang ablaufen wollen und erschöpft auf meinem Schreibtisch zu liegen kommen. Dort sortiere ich alles Nichtgeschehene, ordne es nach Ähnlichkeit der Farbe, des Geräusches und der Intensität, wie etwa eines nicht erlebten Hasses oder einer mir nie begegneten Liebe. Und erst dem Schweigen des Ungeschehenen gelingt es, mich dorthin zu drängen, wo es kein Entkommen mehr gibt als das des Erzählens. Wie gut, dass es meist hektisch ist und die Ereignisse sich überschlagen, mithin ich also der Mühe des Berichtens enthoben bleibe.

Donau neu

2.850 Kilometer ist die Donau lang. Sie schlängelt sich durch neun Länder, in Österreich auch durch diverse Gaue wie den Strudelgau oder den Nibelungengau. Die vom Roten Wien angelegte Neue Donau misst gerade einmal 21,5 Kilometer und geht an Stadlau und der Lobau vorbei. An ihrem Ufer tummeln sich sommers Nudisten und Touristen, Familien und Rennradfahrer. Im Herbst, wenn das Licht satter, kälter und schwer wird, bleiben die Besucher zunehmend aus und die Nebel, die vom Wasser her aufs Plateau schleichen, bleiben dicht und geschlossen. Sie liegen auf dem Knöterich, den Binsen, den Seggen und wie Watte hüllen sie die Weiden ein. Wenn dann die Novembersonne diesen Milchschaum geschlürft hat, liegt das Wasser als polierte Oberfläche da, auf der nur vom Wind verschiedentlich matte Inseln gezeichnet werden. Sie schwimmen dann dort gemeinsam mit den Schwänen, diesen Schneeflocken der Neuen Donau.

Die Schaumgeborene

Die Flocken der Silberpappel, ihre wie Wattekugeln wirkenden Samen, waren zu Boden gefallen, wo sie einen dichten, deckenden Teppich bildeten, der weiß und flaumig an frisch gefallenen Schnee erinnerte, an den Schaum eines überlaufenden Bierfasses oder brechende Wellen am felsigen Meeresufer. Und dann kamst Du um die Ecke gebogen, rotgelippt und grünbeaugt, als hättest Du hinter dem Baumstamm gewartet, just auf diesen farbenfrohen Schritt, just auf diesen Moment, der eine Frau in die Venus verwandelt. So standest Du da, schaumgeboren, und ich ging mutigen Schrittes auf Dich zu als Trampeltier, nicht achtend der weißen Flut, die ich damit zertrat. So warst Du, kurz bevor ich auf Dich traf, denn auch verschwunden, in welchen Fluten und Deine Schönheit umkränzenden Schönheiten immer auch, während ich bis über den Saum meiner Hosen hinauf in einem diffusen Brei steckenblieb.

Karfreitagszauber

Am Karfreitag des Jahres 2021 flog eine Wolke in mein Büro. Sie war weiß, scharf umrandet und doch schien sie mir von einem blauen Kranz umgeben, ganz als wäre sie ungenau aus dem Himmel geschnitten worden. Sie setzte sich bald auf mein Bücherregal und war wie dort eigens hingepinselt. Da karfreitags kaum sonst jemand im Haus war, kümmerte ich mich nicht viel darum, ob ein zufälliger Besuch ob meiner neuen Gesellschaft verwundert sein könnte. Sicherheitshalber jedoch zündete ich mir eine Pfeife an und dampfte heftig drauflos, um für den Fall der Fälle gewappnet zu sein und meine neue Bekanntschaft gegebenenfalls in dichtem Rauch verbergen zu können. Weiterhin schrieb ich Seite um Seite und wenngleich ich in all dem Dunst nicht wirklich etwas sehen konnte, meinte ich das Fabelwesen doch an meiner Seite. Zu zweit sahen wir dem Ende des Arbeitstages entgegen und dann – was sollte dann mit uns sein? Nicht allzu lange konnte ich diesem Gedanken nachhängen, zu sehr fasste mich der Aktenstapel in mein gewohntes Gehege, und solange er nicht schlanker wurde, konnte ich kaum zwischen den Stäben hindurch ins Wochenende fliehen.

Ehe ich schließlich abends aufbrach und meine Pfeife ausgehen ließ und nach der Wolke sah, war sie verschwunden. Vielleicht war sie Nichtraucher.

Vespa

Am Balkon lag eine tote Wespe. Sie lag dort weniger, sie hockte vielmehr in gekrümmter Haltung, als suchte sie einen verlorenen Groschen. Ihre Flügel standen starr und senkrecht nach oben, als wollten sie dem Körper noch im Tode ein wenig Gleichgewicht und Würde schenken. Und dunkel war sie geworden. Die zuvor alarmierend gelben Streifen glitten ins Beige und Braune hinüber, bald würde sie einfärbig sein, ganz wie ein Käfer aus dem Erdreich. Alles Gefährliche und Bedrohliche war aus ihr gewichen oder doch nur noch Erinnerung.

Wie mochte sie zu Tode gekommen sein? Es war ein Rätsel. Den Kopf konnte sie sich wohl kaum blutig geschlagen haben, für derlei Unfug schien sie zu alt und auch erfahren gewesen zu sein. Wie überhaupt unklar war, wie Wespen sterben. Von Elefanten ist dies bekannt, von Goldfischen, denen man dabei zusehen konnte, ebenso. Wie aber sieht der natürliche Tod einer Wespe aus?

Diese eine jedenfalls stand da wie der eigene Torbogen ins Jenseits, den nur der Wind vergessen hatte hinwegzufegen.

Gehörige Bestie

Ein Tier sitzt in meinem Ohr, man weiß noch nicht genau welches.

Die Professoren beugen sich über mich, sie murmeln unverständlich und bohren ihre knorrigen Nasen in meinen Gehörgang.

»Ein Löwe«, ruft einer aus, »es handelt sich zweifelsfrei um einen Löwen, panthera leo!«

Die anderen Professoren lachen laut auf, sie johlen und schütteln hämisch ihre Bärte.

»Herr Kollega, Sie gehören ins Kabarett, nicht auf die Ambulanz. Lassen Sie uns das Phänomen nun wissenschaftlich betrachten.«

Und erneut beugen sie sich über mein Ohr, bis einer sagt: »Eine Libelle. Am ehesten wohl eine Libelle, insecta odonata.«

»Eine Libelle ohne Flügel, Herr Kollega? Ich zumindest sehe beim besten Willen keine. Dann doch eher eine Termite, insecta isoptera.«

Und justament in diesem Moment brüllt es aus meinem Ohr heraus, dass die Professoren sich in alle Winde zerstreuen wie flüchtende Hyänen.

Zurück bleibe ich, auf dem Untersuchungsstuhl, mit meinem Tier im Ohr.

Nur der 31. Mai

Es hätte gerne ein Gewitter werden wollen, daraus wurde jedoch nichts. Die Tropfen fielen leicht, immerhin dicht, wuschen die Blätter der Pflanzen rein und zogen sich alsbald nach getaner Arbeit dann auch zurück. Ja, und zurück blieb diese Hoffnung auf ein Sommergewitter, das die Blitze in die Koloratur schleudert, das am Heimweg bis in die Unterhosen dringt und dessen sekundenschnelles Verstummen noch lange nachklingt. Aber so war es eben nicht, wie doch immer blieb das heilende Unwetter, demzufolge sich alles Trübe in eine von ungeahnten Sonnen beschienene Reinheit hinein- und wahrer noch, herausgebiert, neuerlich aus. Es blieb nur eine Ahnung hin zum Vergangenen, das seinerseits vermutlich deswegen nie verging, da es nie gewesen.

Ruthenen. Zum 24. Feber 2022

Sie stehen da. Weiß gemeißelt und in Bronze gegossen, die Erzherzöge, Prinzen, Generalleutnants und Feldherren aller Art und Couleur. Sie bevölkern unsere Städte, als hätte sich der Komtur auf einen Fotokopierer gelegt. Dazwischen wachsen Triumphsäulen und -bögen aus dem Boden, Siegespforten, Obelisken. Es könnte zum Fürchten sein, stünden sie nicht so still und friedlich in der Nachmittagssonne während in dem Schulter an Schulter gelegenen Land die Plattenbauten bersten, Juri und Olga im Luftschutzkeller zittern und das Kriegshandwerk saufend eine neue Filiale eröffnet. Ob auch von diesem Elend nur weißer Marmor bleiben wird?

Zwei Ebenen

In einem Baum zwitscherte ein Vogel. Der Baum war eine Buche, vielleicht. Der Vogel vielleicht eine Amsel. Deren Töne waren drei, trällernd, kurz und laut. Seitlich blieben Autos stehen, die Ampel war rot. Währenddessen setzte sich ein Rabe auf den Baum, eine Frucht im Schnabel, die er kurz darauf auf den Asphalt des Gehweges prallen ließ, sie gleich darauf aufhob, wieder abwarf, aufhob und fallenließ, und so weiter und so fort. Die Ampel war indessen mehrfach grün und wieder rot geworden, die Autos losgefahren und wieder stehengeblieben. Die Amsel hatte das Weite gesucht und zurück blieb die Buche, durch deren morschen Stamm sich die Insekten fraßen. Dieses Jahr würde sie kaum mehr blühen. Insgesamt dennoch ein Zeichen, dass es Frühling wurde. Wenngleich es vielleicht Herbst war.

Sterben wörtlich

Das »Sterbenswort« gibt es, wenn überhaupt noch, nur in der Verneinung. Als Unterlassung, als Ungesagtes. Als gälte es dem Tod oder der Sprache eins auszuwischen. Aber, nachdem das Sterbenswort als Wort selbst ausstirbt, wird es nur noch eine Wort-Urne brauchen und einen friedlichen Platz, sie hinzustellen in einem Wörterbuch in alle Ewigkeit.

Verfrühter Frühling

»Orkanartige Böen«, wie es im Wetterbericht hieß, trieben Kinderwägen wie Spielzeugautos vor sich her, oder deren Insassen die Tränen aus den jungen Augen, dass die »g'sunde Watsch'n« ein Liebkosen dagegen wäre. Oder war. Hin und wieder stachen spitze Regentropfen die geröteten Wangen oder zerplatzten an den Auslagen der Geschäfte, dass die Dekoration fast impressionistisch wurde. Nach wenigen Tagen war des Tobens ein Ende und deutlich, dass dieses heulende Ungetüm den Winter mit all seiner Macht weggefegt hatte. Als wäre gewaltsam ein Vorhang von der Nebel- und Winterlandschaft weggezogen worden, stand der Frühling in den Hängen und Feldern und Straßen, schlug sich in die Brust und kam diesmal früher als vorgesehen zur Tür herein. Darauf war niemand vorbereitet gewesen, weder die Herz-Kreislaufpatienten noch die braunen Wiesen und Weinberge. Statt des aufbrechenden Grüns starrten sie noch sehr erdig in den kraftstrotzenden blauen Himmel. Der aber konnte auch dem Braun eine Lasur schenken, die das Abgestorbene des letzten Herbstes wie frisch poliert wirken ließ.

Und nur Tage später zog es dann auch die jungen Triebe der Pflanzen ins Freie, und die Natur tobte wie ein junger Spaniel über die Felder bis den Märzenbechern und Primeln das Tanzbein zu jucken begann. Und der sogenannte kalendarische Frühling hinkte dann später hinterher, ohne konkrete Aufgabe jedoch.

Donaukanal II

Dort, wo der Kanal in die Donau mündet, hat er die Stadt weit hinter sich vergessen. Die steinerne Fassung des Kais, die Festungsmauern des Wassers, der laut tönende Klangteppich des Straßenverkehrs, die Graffitis, Partyzonen, Kinderspielplätze, all das ist dann in ein grünes Wuchern verwölbt, von Knöterich, wilden Rosen und ästelndem Pappelgewirr überwachsen. Die Stadt rinnt dort aus. Am Ufer lagern Fischerhütten, schaukeln straff vertäut auf dem Wasser, über dem die Fischernetze wie pensionierte Hängematten schlafen. Kein Fisch wird sich hier mehr in der Abendsonne sohlen. Mitunter aber wacht ein Griller auf, dekoriert mit Würsten, und sendet seinen Rauch in den Osten. Der Balkan ist hier gegen die Strömung emporgekrochen, wo er an den grün zu grau abfallenden Wiesen ausgelassen und doch zaghaft Anker wirft. Entlang der Fließrichtung kann man die Frachtschiffe hingleiten sehen, nach Budapest, Belgrad oder hin zum Schwarzen Meer, und diese Ferne hat alle Fremde abgeworfen, zieht fast zärtlich über die stille Oberfläche des Flusses und wäscht das Wehrhafte der Stadt weich.

Buchen!

Der Sonntag war verschenkt. Man hätte Freunde treffen, einen Kuchen backen, ein oder zwei Romane zu lesen beginnen können. Was man eben so macht. Wenn man etwas macht. Stattdessen regierte die Ohnmacht, ein Tier, das einen ohne die geringsten Hintergedanken oder Absichten ins eben erst verlassene Bett zerrt, um sich dort in Gestalt völliger Gleichgültigkeit auszutoben. Diese Ohnmacht ist eine Bleidecke. Irgendwann entwand ich mich der dominanten Schönen und warf mich ins Gewand, das beileibe kein Sonntagsanzug war, und schlenderte durch die Windböen des Nachmittags, die sich mir wenig elegant skrupellos entgegenschleuderten. Während meine Backen links und rechts des Gesichtes nach hinten gezogen wurden als wollte das Wetter mich liften, sahen mich mit einem Mal junge Buchen an. Gleichfalls wankend, widerstanden sie dem Toben, während sie mir ihr rätselhaftes Rascheln der leblos an den Ästen hängenden Blätter entgegensangen und entgegenheulten und alsbald mit mir heulten. Ein mutiger Versuch dieser ledernen Segler, sich als Antwort auf den grauen Tag in Stellung zu bringen. Und tatsächlich wurde mir das Knistern und Rauschen der braunen kleinen Ovale ein Liebkosen, als Mittel gegen die Einsamkeit willkommener, als jedes an diesem Tag fehlende Gespräch.

Pan

Wenn eine Panflöte nur zwei Bambusrohre hat, dann ist sie der Wind um mein Fenster. Abends schweigt sie lange und hebt unvermittelt an, nimmt noch einen Halbton höher und sinkt wieder hinab und geht hinauf und sinkt. Säße ich nicht im zweiten Stock eines Wohnhauses inmitten einer Stadt, ich dächte, Kojoten zögen um mein Zelt, röchen die Wärme, das Fleisch und meine Wehrlosigkeit. Doch dann schweigt die Flöte Wind wieder, und ich lausche hinaus in die gerade eben nicht sichtbare Ferne der Weiden, ich lausche dem Schlafen der Rabentiere in den Bäumen, lausche in die Kälte, die immer noch ihr Klirren verbirgt. Irgendwann dann setzt die Musik wieder ein, ich lege mich in mein Königsbett und höre dem Orchester zu, wie es mich mit zwei Tönen von der einen in die andere Wirklichkeit weht.

Poet eben noch

Der Dichter wartet auf die Eingebung. Und schenkt sich nichts, außer einen Wein ein. Und wartet. Auf die Eingebung wie auf ein Callgirl, das sich am Weg zum Kunden verfahren hat. Verfahrene Sache. Also schenkt sich der Dichter nichts, nur einen Wein ein. Und wird immer dichter. Er hat sich an die Inspiration verkauft, aber die Käuflichen werden auch immer schlampiger. Schlampenartig eben. Und daher schenkt er sich ein, besser als nichts, auf den Wein ist immer Verlass, zumal, wenn's ein Doppler ist. Mit dem hat er dann einen flotten Dreier, der Dichter, und schenkt sich nichts und schreibt dann morgen, oder so.

Dunkle Partnerschaft

Wie die Schleppe einer traurigen Braut, so zog er die Schwermut hinter sich her. Sie war an seinem Hinterkopf festgenäht und ohne unmäßige Anwendung von Gewalt nicht zu entfernen. Besah er sich in den Spiegel, so bemerkte er sie kaum, ja er hielt die Rahmung seiner Schläfen für einen im Entstehen befindlichen Heiligenschein, wiewohl ihm dunkel schwante, dass derlei Glitzerzeug nur schlagartig anmontiert wird und nicht erst wächst. Die einschlägigen und ihm bekannten Berichte gingen jedenfalls in diese Richtung. Wochen und Monate schon ging er nun dergestalt durch die Gassen, worunter auch die Schwermut litt, deren Ränder mehr und mehr einrissen, je länger sie durch den Dreck gezogen wurde. Hin und wieder trat auch jemand unachtsam auf die Schleppe, dann riss es die ganze Person nach hinten, und der gebeugte Gang wurde fast aufrecht. Doch wie ein trotziges Kind stellte er gleich den vorherigen Zustand wieder her und setzte unbeirrt seinen Weg fort in die schwärzeste aller Brautnächte.

Sturmtief

Die silbernen, braunen und beigen Aubäume steckten noch im Laub des vergangenen Jahres, als ein Sturm durch sie hindurchfegte, der die Stämme und Wurzeln an die Grenze ihrer Kraft brachte. Besonders die mehr als hundertjährigen Ulmen, Pappeln und Weiden knackten und stöhnten in mächtiger Gebrechlichkeit, wenn die Wucht des Windes sie einmal hier und einmal dort traf. Dazwischen richteten die rasenden Wolken und Sonnenstrahlen ein Farbchaos an, und der Blick konnte das Einzelne kaum mehr fassen in dem Dunkel und Hell, die sich schlaglichtartig verwechselten.

Schon in den letzten Tagen war der Sturm einmal aus dem Südosten, einmal aus dem Nordwesten herangedrängt, als wollte er ein Exempel seiner Unberechenbarkeit statuieren. Den jungen gertengleichen Stämmen machte diese Tyrannis kaum etwas aus, sie bogen sich geschmeidig und ritten auf den Wellen der Böen auf und ab. Wie übermütige Kinder waren sie einmal da und einmal dort zu sehen, als wurzelten sie nicht in irgendeiner Erde. Die alten jedoch standen da wie lange hohle Zähne, durch die eine neue Zeit tobte, die sie nicht verstehen konnten und doch fühlten und kannten, denn die Zeiten waren immer neu gewesen – nur sie nun eben alt. Und mit einer unsichtbaren Schwermut warteten sie auf den Stoß, der sie zu Fall bringen würde.

Indessen lag das modrige und feucht-duftende Laub auf dem Waldboden, ganz ruhig, als gäbe es keinerlei Wind.

Trauermücke

Auf der hellen Fliese saß klein und mutig die Trauermücke, sah dem Treiben ringsum zu und dachte sich wohl nicht übermäßig viel dabei. Die Küchenfliese war ihr eigentlich noch viel zu groß; verloren saß sie als schwarzer Strich im weißen Viereck, als harrte sie dort eines Ereignisses, von dem man annehmen kann, dass es kein erfreuliches sein werden würde. Und so kam es auch, und kam die Hand, die den trägen Zwerg auszulöschen suchte. Da nahm die Mücke all ihren Mut zusammen und die Füße in die Hand und flüchtete zum nahen Basilikumstrauch, in dessen Erde sie sich den Häscherblicken entzog. Sie atmete schwer, war doch aber des Lebens weiterhin froh. Die Trauermücke.

Morgen der Hyäne

Als missgünstiger gelber Streifen legte sich der frühe Morgen über die flachen Dächer und beobachtete von den Rändern her das Erwachen der Stadt. Seine Augen waren raubtierhaft schmal, und die Visitenkarte, die er an der Türe zu diesem Tag abgab, ließ berechtigte Zweifel an seiner Redlichkeit aufkommen und war alles andere als vertrauenswürdig. Nicht jeder Neuanfang ist ein Umarmen und Küssen und Herzen. Schon gar nicht, wenn der Winter sein festes Standbein im gefrorenen Boden gefunden hat. Aber man kann sich gewisse Gäste nicht aussuchen. Ja, man kann sich gewisse Gäste nicht aussuchen, dachte auch der Morgen, als er anwachsend voller Argwohn auf die Stadt starrte.

Bürounzeiten

Ich saß wartend in meinem Büro und harrte im sonst leeren Raum aus, dass die Uhr auf fünf ginge. Dann nämlich konnte ich, so wollte es mein Arbeitgeber, das Büro verlassen und ganz mein eigener Herr sein, dem es dann unbelassen bleibt, nach Hause oder ins Wirtshaus zu gehen, Freunde zu treffen oder die Freizeit ganz für sich alleine totzuschlagen. Indes wurde der Winterhimmel hinter der Fensterscheibe immer dunkler, weit über die Dämmerung hinaus, durch Wolken, die bedrohlich schwanger von Schneeflocken waren. Sein ins Schwarze drängendes Grau verschloss bald allen Blick. Dann endlich war der Zeitpunkt gekommen, zu dem ich freigelassen wurde, und eben im Hinaustreten aus dem Bürogebäude setzte der Schneesturm ein, dessen Toben die Wangen blitzartig vereiste und mir Tränen in die Augen trieb. Schau, dachte ich bei mir, kein Außenstehender, sollte dir einer begegnen, ist in der Lage zu beurteilen, ob du auf den Schneesturm gewartet hast, oder er auf dich.

Nicht Meer

Die kleine Pfütze war wie aus dem Nichts gewachsen. Ein heftiger Sommerschauer hatte sie in die Mulde neben der Straße gespült. Den Spaziergängern des Sonntags darauf war sie ein Hinder-, gar ein Ärgernis, zumal, wenn die lästigen Kinder zufriedener Familien im Übermut sprunghaft die Kleider der Umgehenden schlammig marmorierten. Dies, und auch die bald gierig um die Vorherrschaft ringenden Sonnenstrahlen, führte dazu, dass die Pfütze rapide schmolz und sich gerade noch in eine dunkle Nacht hineinretten konnte. Dort träumte sie dann davon, ein Gebirgssee zu sein, glasklar, bekränzt von Seerosen, behütet von Kreuzottern, die sich an ihren Ufersteinen wärmten. Am späten Nachmittag würde sich dann der Schatten des schroffen Berggipfels über sie legen und in den Schlaf wiegen. So träumte sie und ahnte nicht, dass schon für den folgenden Tag tropische Hitze angesagt worden war.

mundus novum

Neu ist alles in einer neuen Umgebung. Die Farben sind gewaschen, selbst das Grau ringt sich ein Leuchten ab und die Gänseblümchen zwischen Fahrbahn und Gehsteigkante sind die ersten, die man je gesehen. Sie stellen sich heraus und dar wie eben erst aus dem Buch der Schöpfung ins Dasein gesprungen und überschütten die ringsumher verlegten Granitplatten mit einer Lebenslust, die den Stein wieder zu jenem Teil mächtiger Felsformationen werden lässt, dem er einst abgerungen ward. Die Maserung der Parkbänke erzählt von Wäldern und glänzt den Wellen des Meeres gleich und lachend frisch lasiert. Ja sogar die Taube ist im Anflug voller Schwung und Grazie und legt, als sie anlandet, beinahe so etwas wie einen Ölzweig ins fast taunasse Gras.

44:15

Da war sie wieder. Nach mehr als 30 Jahren warf sich erneut die Callas aus dem Lautsprecher und zelebrierte die Imogene in Bellinis Oper »Il Pirata«. Sie klang wie eh und je mit ihrem metallenen Sopran, der in Knochen drang, die man nie in sich beheimatet zu glauben gewagt hatte. Unermüdlich sezierte sie den großen Schmerz, tödliche Trauer, den hinfälligen Leib und perforierte im Trommelfell die Seele. Frisch wie vor bald 70 Jahren schmetterte sie das Elend der Liebe hinaus. Sogar die Kratzer der Schellacke klangen voller Lust und Leid und wie neu gezogen. Zwischen all dem brüllt ein Chor, die Blechbläser krachen wie eine Balkankombo und das ganze Orchester scheint in Rausch und Rivalität gestürzt.

Und dann setzt wieder die Callas ein, schneidet das Chaos entzwei und erhebt sich wie ein kalt leuchtender Stern über das Klanggetümmel. Sie weist der Kunst des Irdischen ihren Platz mitleidslos zu und erhöht sich in solch bestechendes Sterben, dass einen die Sehnsucht schlagartig erfasst.

Katzenliebe

Die Katze saß sprungbereit auf der Parkbank und starrte mit so etwas wie leuchtenden Augen auf die krümelpickenden Tauben. Diese wussten um den sicheren Abstand und nahmen sich in den ihnen üblichen abgehakten Bewegungen ihre Beute. Als der Katze der Druck vom gedehnten Rücken zum Auge zu viel wurde, schnellte ihr dünner Körper vor und landete genau dort, wo die Tauben gerade mit leerem und verwundertem Blick, gleichsam eckig, hinzuckten, um sich unbeirrt dem Brot zu widmen. Sie wussten zu genau, dass es sich um einen klassischen Fall von Selbstüberschätzung handelte. Das Katzentier zog sich zurück und bezog erneut gierigen Blicks die Warteposition auf der Bank. Den Umstehenden jedenfalls war die Katze süß und bezaubernd, die Tauben hingegen dumm und stumpf.

Preußisches Läuten

Angespannt schlugen die Kirchenglocken an. Ihr helles Läuten war sehr protestantisch und ein wenig nervös. Der mahnende bis ins Drohen reichende Bassbariton der katholischen Kathedralen war ganz und gar einer klammen Bitte gewichen und blieb trotz allem ein knöchern erhobener Zeigefinger, der an die dünnen Seelen der Gläubigen schlug. Tag für Tag und unermüdlich und eifrig am Seelenheil werkend, zerriss dies klare und hoffnungsvolle und zum Scheitern verurteilte Klingen den Athener Kolonaki-Bezirk, die nobelste Gegend der griechischen Orthodoxie.

Weihnachten

So nieder die Sonne an diesem 19. Dezember auch stand, sie fuhr gleißend und ohne Scheu durch die Gassen. Im Prater zerfielen die vormals festen Kugeln der Platanen zu Samenschirmchen, die der Wind mit sich nahm, und hin und wieder trabte ein Pferd am nahen Heustadlwasser entlang. Hier auch schossen sich in den Erzählungen Arthur Schnitzlers gerne hoch verschuldete k.u.k. Leutnants beherzt eine Kugel in den Kopf, als gäbe es kein Morgen, während ein Jahrhundert später der milchblaue Himmel vom Kreidestrich eines Flugzeugs zerteilt wurde. An solchen Tagen ist in den Donauauen Weihnachten vorverlegt; besonders, wenn in dunklem Blau die stille Nacht anbricht.

Feldwege

Er öffnete die Haustüre wie ein Gartentor. Er sah auf die Baustelle, als wäre sie eine Frühlingswiese. Die Fahrbahn war ihm Feldweg, die Häuser Maisfelder, längs seines Weges und ohne Ende. Und all die Menschen, die eilig zur Arbeit liefen, zur Straßenbahn, zum Bus, sich selbst hinterher, mitsamt all jener, die in zu großen Autos vereinsamten, sie wurden ihm zu Hasen, zu Rehen, zu Glockenblumen, Pilzen und Würmern, die seinen Weg durch die dann blühende Gegend säumten. Dann konnte er oft sein Glück nicht fassen, mitten in der Natur zu leben.

Cage

Von einem Tag auf den nächsten war die Musik verstummt. Eine neue Stille überdeckte die Räume, mithin die Gedanken. Selten nur war das Wummern der Waschmaschine oder des Geschirrspülers zu hören, was ihm, die Neue Musik nicht kennend, aber nur Geräusch war, Teil einer eigenen Stille, wie sie auch neben einer Autobahn sich ausbreiten kann. Neu war an der Stille auch, dass sie Raum gab für das Hören, ja, für das Sehen.

Apokalypse

Der Autofahrer blieb mit seinem VW kurz am lehmigen Rand des Forstweges stehen und ließ den Radfahrer vorbei. Beide winkten sich zu und fuhren weiter. Ein älteres Paar ging Hand in Hand am Ufer der Alten Donau und freute sich über das Glänzen der winterlichen Sonne. Und in der Straßenbahn stand ein Teenager auf und überließ seinen Platz einem Greis. All dies geschah am 12. Dezember 2021 in

Wien. Und wer solches erlebt hat, dass der Wolf neben dem Lamm liegt (Jes 11, 6-8), weiß es vertraut und gewiss: Das Ende ist nahe.

Feine Masche

Die kleine Spinne hing am seidenen Faden. Genau genommen am eigenen von irgendwo herab bis in die Mitte des Fensters. Dort zappelte sie und war nichts als klein und hell, fast reines Elfenbein, welche Farbe gerade mit Spinnentieren nur ungern in Verbindung gebracht wird. Doch sie war reines, fein marmoriertes Elfenbein und schön. So bleich wie sie war, drehte sie sich und tat mit ihren Beinen recht hilflos oder auch hilfreich, wofür es aber keinen Ausdruck gibt. Jeden Morgen fiel die Sonne auf sie, und sie drehte und wendete sich, wie um im Licht ein bisschen mehr Farbe und also auch Ernsthaftigkeit zu gewinnen. Neidvoll sah sie die Zimmerpflanzen ringsum an, die in der Sonne wuchsen und gediehen und blieb doch selbst blass und inmitten des Fensters hängen. Nie bekam sie einen Sonnenbrand, blieb nur bleich und fragend und wie in Zeitlupe zappelnd. Erst, als eine traumatisierte Fliege in ihrem Umfeld liegen blieb und sie sich ihr hungrig widmete, kam Farbe in ihr Gesicht, die Wangen wurden röter, sie rundherum runder und selbstbewusster. Und dann hatte sie auch gelernt, was es bedeutet, Spinne zu sein und machte sich mutig daran, ihr erstes Netz zu klöppeln.

Bautradition

Mächtig sollten sie sein. Schlank und erhaben, die neuen Zeiten wie dunkle Leuchttürme begleiten, als Avantgarde in die Zukunft weisen – und eben die, wie es hieß, »Landmark Architecture« des neuen »Wien« (auf den Genetiv wurde seit langem verzichtet, was bei Eigennamen auch zulässig ist, angesichts der zunehmenden Flexionsmüdigkeit jedoch fragwürdig) werden, das nördlich der Donau eben wuchs. Zwei Bürotürme, von anthrazitfarbenen Gläsern ummantelt, die als Tor die Wege des Alten und Jungen verbinden wie eben auch scheiden mochten. Und 250 Meter war auch schon bald der erste Turm gewachsen, eine Antenne oben auf und weithin sichtbar – also gegen die Altstadt hin – mit dem Schriftzug jenes Unternehmens geziert, das ihn zum Hauptquartier nahm, um von dort aus die Unternehmensgewinne anderer Unternehmen zu optimieren. Pardon: um Arbeitsplätze zu sichern. Bald stellte sich heraus, dass es für den zweiten Turm zu wenige Interessenten gab, weswegen eine billigere und niedere Bauart gewählt wurde, deren harmonischer Einklang mit dem hochaufragenden Wolkenkratzer selbstverständlich und unmissverständlich amtlich gelobt wurde, der Idee eines neuen Stadttores aber auch nicht ungefähr das Wasser oder die Nebel reichen konnte. So stand der dunkle Turm ein wenig verlassen da, als wäre sein Zwilling kurz nach der Geburt verstorben. Und er sah über die Wiener Reichsbrücke zur Inneren Stadt hin, genau auf den Südturm des Stephansdomes, der etwa 570 Jahre zuvor fertiggestellt worden war. Und der wiederum erzählte in manchen Stunden leise davon, dass sein Pendant, der Nordturm, bis zum heutigen Tag ebenso Fragment geblieben war, mittlerweile immerhin ein Liliputaner mit Dach und

Glocke. – Liliputaner? Mikrosomie, flüsterte der Tower dann zurück. Seine Gegenwart kannte zwar Jonathan Swift nicht, war aber des Altgriechischen diskursbedingt offensichtlich gewärtig.

Auskommen

Sein mächtiger Gummibaum warf Woche um Woche, dann Tag für Tag seine stolz glänzenden, nun aber matt und gelb gewordenen Blätter ab. Bald stakten nur noch vereinzelt wurzelnde Stangen aus dem Blumentopf. Er war, als er das Gewächs sich so entschlossen vom Leben abwenden sah, zwischenmenschlich enttäuscht. So konnte man miteinander nicht umgehen.

Band am Strome

Läge nicht das Band der niederen Kaimauer hingestreckt da, der helle Granit mit seiner abgerundeten Kante, man wüsste an diesem Sonntag nicht, wo die Luft endet und das Wasser beginnt. Beides zieht metallen und frostig dahin, scheint zu ruhen oder die Ruhe wie eine Decke über die mächtige Bewegung zu legen. Auch die vereinzelten Gruppen von Enten am Wasser sind wie erstarrt. Braun sind sie, die Erpel grün schimmernd behauptet, dazwischen auch schwarz-dunkel gescheckte, die wie zerzaust wirken, als hätte nur jemand innegehalten, sie zu rupfen. Die Körper schaukeln und ruhen, sie verdecken die Flossen, sodass es ganz unerklärlich scheint, wie sie gegen den Strom angehen können. Wie nebenher finden dann Gruppen zusammen, verbinden sich in scheinbar uninteressierter Gemeinsamkeit und schaukeln und ruhen wie zuvor. Am Weg neben dem Wasser laufen Hunde, mit denen niemand tauschen mag, sobald am Ende der Leine durch das Grau die verbitterten Gesichter ihrer Herren, der Herrchen und Frauerln, in matter Farblosigkeit wie eine umfassende Anklage an das eigene Leben durch den Sonntag schleichen. Dann lieber Ente sein, gelassen auf und ab paddeln oder Möwe, und mit eingezogenem Kopf vom Kai aus den kommenden Flug quer zum Wind erwarten.

Plastik im Ozean

Der Plastiksack trug keine Aufschrift. Grauschwarz, schmucklos, ohne stolzen Titel eines Bekleidungsgeschäftes oder einer Supermarktkette, war er für das Entsorgen von Bauschutt gedacht, eine Bestimmung, die keiner Werbung und keiner Embleme bedarf. Umtriebig trieb der Sturm den dunklen Fetzen vor sich her, bis er sich in der Oberleitung der Straßenbahn verfing und dort wie ein an der Angel zappelnder Oktopus hängenblieb. Dem außer Rand und Band geratenen Wind gelang es schließlich, ihn loszureißen und weiter wild mit ihm zu spielen. Einmal ganz nah am Boden, einmal hoch über dem dritten Stock, so trieb er das Stück vor sich her, bis es dann wie eine dunkle Qualle elegant in die Tiefen des Häusermeeres tauchte und verschwand.

Deine klamme Hand

Einmal, nur einmal, wollte er den Druck der Hand und auch das Sehen beschreiben und das Empfinden beschwören, nein, fühlen können, wie es ist und gewesen sein mag, der Mutter an der Hand gefolgt zu sein; am Weg in den Prater, um dort endlich Fußball zu spielen, um dort endlich auf der Wiese frei und wild zu sein; den Augenwinkel entlang des eigenen Armes über die sommersprossige und leicht behaarte und rotbräunliche Säule des anderen und doch so eigenen Armes hinauf zu sehen; beschreiben können, wie dieser dünne und fragende Ast des eigenen Armes den kleinen Ausschnitt seiner Welt emporkroch, emporflehte und empordankte und seine dünnen Zweige sich mit den anderen Zweigen verschränkten; das beschreiben, wie jede Sehnsucht sich in zwei Teile trennt, jene des Gezogenwerdens, als duldsame Vorfreude in den Unterarm eingewurzelt, und jene des endlich als Verteidiger, Stürmer oder Libero über die Wiesen des Praters lachenden und freistürzenden Kindes, schmerzend selbst wiederum lachend, weinend, eben lebend.

Man kann diese Welt selbst im Nachhinein nur als unwirkliche Gewissheit in sich selbst erleben und zwangsläufig Straßen gehen, die noch keiner ging zurück.

Teammeeting

Unglücklich waren die Raben. Sie wollten so gerne einmal Hoffnungsträger sein, oder ein Symbol der Liebe. Doch daraus wurde das eine ums andere Mal nichts. Also saßen sie weiter auf den Grabsteinen des Zentralfriedhofes und berieten die nächste Strategie.

Im Anfang

Das *Conseil européen pour la recherche nucléaire* ist heute das CERN und Synonym für die größte von Menschen je geschaffene Maschine, etwa 27 Kilometer im Rund und zwischen der Schweiz und Frankreich gelegen. Ein Teilchenbeschleuniger eben. Groß. Spektakulär ist der Bereich, in dem kleinste Partikel von Materie aufeinanderprallen und in ihrer Kollision neue Erkenntnisse in die Gelehrtenstuben schleudern. Weniger spektakulär sind die Röhren, in denen die Beschleunigung der molekularen Versuchskaninchen vorgenommen wird, handelt es sich doch um Konstruktionen, die jenen eines durchschnittlichen Abwasserkanals gleichkommen – und von außen weiß man ja nie, was durch diese Rohre fließt. Dort, im CERN, wird neben vielen anderen Sachen auch die Entstehung unseres Universums erforscht, was nichts anderes bedeutet, als möglichst nahe an den Anfang, den Urknall, zu kommen. Ein paar Nanosekunden fehlen noch, weniger also, als es braucht, einen dieser Buchstaben zu schreiben oder nur zu denken. Wenn man Buchstaben denkt. Diese Suche nach dem Ursprung allen Seins liefert im Vorbeigehen Erkenntnisse zu wichtigen Therapien gegen die Geißeln der Menschheit, gegen Krebs, Diabetes, Karies oder Hexenschuss. Sein wahrer Beweggrund mag aber in der Suche nach dem letztlichen Woher sein, das große Geister seit jeher in den Schlaf verfolgte und diesen ihnen raubte.

Nur wenige Kilometer vom CERN entfernt, wenn man die Rte. de Meryn Richtung Genfer See fährt, den Pont du Mont Blanc quert und den Quai Gustave Ador entlangfährt, erreicht man die Fondation Bodmer, eine Forschungseinrichtung von vergleichbarer Staunenmachbarkeit und die vielleicht schönste Büchersammlung der Welt. Unter den lachen- und weinenmachenden Manuskripten, Autographen, Erstausgaben, findet sich auch das älteste bekannte Exemplar des Evangeliums nach Johannes. Es beginnt, wie wir wissen, mit den Worten: Ἐν ἀρχῇ ἦν ὁ λόγος, καὶ ὁ λόγος ἦν πρὸς τὸν θεόν, καὶ θεὸς ἦν ὁ λόγος. – Auf Deutsch, aber da hat sich auch schon der Doktor Faust abgemüht, etwa: *Im Anfang war das Wort und das Wort war bei Gott und Gott war das Wort.*

Jedenfalls ein Im Anfang, womit sich dieser Text als Urahne des CERN zu erkennen gibt, wenn es darum geht, mit den Mitteln der Zeit die Frage nach dem Woher, dem letztlichen Woher, zu beantworten. Nein, nicht nur das! Sie erst einmal zu stellen. Sich ihr, dieser zu großen Frage zu stellen, entgegenzustellen, ihr als der zu begegnen, der diese Frage beantwortet haben will. Die Ungeheuerlichkeit des Unterfangens macht schaudern. Jenes Unterfangen des CERN wie jenes des Evangeliums ein paar Jahrtausende zuvor. Man kann nur über beide lachen, oder sie beide als Versuch respektieren.

Dieser kleine Papyrus von kaum 20 Zentimeter Höhe und diese Riesenmaschine liegen nicht nur nahe beieinander, heute, sie sind auf das Engste verwandt. Und es ist fast so, als hätte eine Hand, die etwas von diesem Anfang weiß, gewollt, dass sie nun zueinander gefunden haben und Schulter an Schulter dort am Genfersee wohnen.

Ole Anders

Ein seidenes Geschäft hatte neben der Hintertür der Staatsoper seine Pforten geöffnet. Eines, in dem der Herr von Welt sich einen Frack schneidern lassen konnte, oder eben durch das Schneidern eines solchen zu einem werden wollte. Das Entrée zu dieser Zauberstube männlicher Eleganz bildeten zwei mächtige Oleandersträuche, die in nicht minder mächtigen Bottichen den Eingang des Geschäftes säumten. Irgendwann jedoch trocknete das Business aus und mit ihm das Gebüsch. Während aber der Unternehmer das Weite suchte und sich anderweitig Klientel wofür auch immer suchen konnte, blieben die Oleander vor toten Auslagen beinahe pflichtbefohlen, ganz augenscheinlich aber sehr verlassen stehen. Wohin hätten sie auch wandern sollen, mit ihren Wurzeln? In dem Topf? Also trockneten sie vor sich hin, umringt von Unzuständigkeiten. Das Stadtgartenamt schüttelte den Kopf, das Bundesgartenamt monierte beileidsvoll nickend, dass die nahen Bewässerungsschläuche des Burggartens nicht lange genug seien, um auch noch dieses Elend zu stillen – und der Würstelstand gegenüber sah sich in seinen Möglichkeiten, wohl zurecht, überfordert. So dörrte der Rosenlorbeer, wie er auch genannt wird, vor sich hin. Die Erde wurde hart, staubig dann, härter und staubiger, es wurde irgendwann unmöglich, mit dem Finger die trockene Oberfläche trotz aller Kraftanstrengung zu durchbrechen. Wie betoniert. Indessen überließen sich die vormals fetten und stolzen Blätter der Schwerkraft, hingen nach unten und gaben sich auf. Gleichsam zwangsläufig folgten sie den Meldungen der Wurzeln, aus deren Statusbericht weder Wasser noch Hoffnung zu schöpfen waren. Als dann, Monate später, das Geschäftslokal an ein neues Unternehmen vermietet werden konnte, fand das streng genommen unhaltbare, jedoch aufhaltbare und vor aller Augen sich darstellende stille Sterben insoferne sein Ende als die Töpfe der Oleander entfernt und ihr Schicksal vermutlich kurzerhand von der zuständigen Magistratsabteilung besiegelt wurde.

Ölschlangen, Ölkirchen

Schier riesige, über jedes natürliche Maß hinausgewachsene Schlangen, so liegen die silbernen Röhren im Tanklager der Lobau neben- und übereinander. Einige haben sich aufgerichtet und schlängeln sich von Masten gehalten in mehreren Metern Höhe über das Areal. Sie schleichen um die massigen Silos, die mit ihren Kuppeldächern daran erinnern, dass sie die Kathedralen der Motorisierung, der Beschleunigung, des Fortschritts sind. Weiter flussab schließt der Ölhafen an, aus dessen rechteckigen Mauern heraus das dunkle Weihwasser der Moderne verschifft wird. Flussauf rosten die nutzlos gewordenen Geleise der von den Nazis gelegten Bahnstrecke, Schlangen und Zeugen ganz anderer Art. Und gegen den Norden hin steigen Baumwipfel in einen unverschämt blauen Himmel und geben eine Ahnung davon, dass hier zurecht nur Ahorn und Haselsträuche, Eschen und Pappeln wohnen. Und im Frühjahr der Bärlauch, der dieses Naturschutzgebiet dann mit seinem stechenden Duft überzieht und beschenkt.

Winter in Peking

So sind wir einander begegnet. Der Platz war leer und unsere Wege kreuzten sich, als wäre ein unbemerktes Schienennetz dort verlegt. Und wie es absehbar war, aber höchst unwahrscheinlich, stießen wir an- und aufeinander. Man kennt das. Wenn die Leere links und rechts kein Ausweichen zulässt. Und letztlich wurde es dann doch jene Geschichte, die Boris Vian erzählt, von dem einsamen Hotel in der Wüste, durch das justament die Bahntrasse führen soll, weswegen es in der Mitte auseinandergesägt wird. So waren wir mit einem Schlag auf zwei getrennten Seiten, und die heimlichen Schienen des Begegnens waren plötzlich solche der Trennung. Manchmal, wenn alles auf Schiene ist, ist es so – und manchmal eben so.

Zensur

Manche Menschen sind wie Trotzki. Sie fehlen auf jedem Erinnerungsbild, als hätte Stalin sie höchstselbst herausgeschnitten. Das Vergegenwärtigen von doch bestimmt so Gewesenem will die eine oder andere Figur nicht mehr aufscheinen lassen. Da tanzen, da lachen sie, eine Torte wird überreicht, ein Kranz geworfen, es wird gelacht, geweint, geschwiegen, aber es will nicht gelingen, diesen, genau diesen Menschen ins erinnerte Bild zu rücken. Das Lächeln ist ungreifbar, das Fragen unbemerkt, das ganze Dasein ein Wegsein. Sie kippen aus der erlebten Vergangenheit wie Fallobst. So erst werden sie zu Figuren und verlassen das Bild ohne Leerstelle.

Sozialtraditionen

Die Herren und Damen vom externen Marketing waren wenig begeistert, dass die Fahne ihrer sozialdemokratischen Kunden drei Pfeile zeigte, die nach unten wiesen und auch rückwärtsgewandt waren – und sie konnten mit der Aussage, dass Fortschritt auf Tradition fußt, gelinde gesagt, wenig anfangen.

40 Tage

Die Quarantäne brachte es mit sich, dass er in seiner Wohnung nur noch auf und ab ging. Jede Ecke war bereits mehrfach geputzt, die Pflanzen zu Tode gepflegt, die Kochbücher leergekocht. So ging er von einem Zimmer ins nächste, suchte Abkürzungen, Verstecke, Umwege und beschloss in seiner Not, die einzelnen Strecken zu benennen. Da er als ihr Entdecker jedoch das jeweilige Namensrecht genoss und von diesem auch nicht abrücken wollte, trugen bald all die Wege seinen eigenen Namen. Ab diesem Zeitpunkt benötigte er keine zwei Minuten mehr, um sich in der Wohnung heillos zu verlaufen. Mit knapper Not gelang es ihm meist noch, aus dem Wirrwarr der Wege wieder in die Küche zu finden.

Vakuum

Blaise Pascal war ein lustiger Vogel. Zum einen verteidigt er die Idee des Vakuums mit Händen und Füßen und einer beißenden Polemik gegenüber dem Jesuiten Étienne Noël, zum anderen schreibt er den berühmten Satz: »Das Schweigen der unendlichen Räume erschüttert mich.« Kaum sonst in der Geschichte hat sich ein Wissenschaftler so gründlich seiner metaphysischen Haltegriffe beraubt.

Facialer Alpinismus

Es war wieder soweit. Die Augenbrauen begannen wieder ihre Wanderschaft. Die Härchen kletterten über den Zirkelschlag ihrer eigentlichen Behausung hinaus in die Höhe. Zunächst nur eines, das in einer das Gelände auslotenden Girlande Richtung Norden zog. Als es ungeschoren davonkam, folgten weitere Härchen nach. Sie rankten sich an den gefurchten Steilhängen der Stirnfalten empor und hatten bald schon die gerodete Kuppe des Gipfels in Reichweite. Und genau hier geschah es, dass sie in die Falle gerieten und ohne Ansehen der Person abgeschnitten wurden. Über die eigene Scholle hinweg purzelten sie den Hang hinab, vorbei an einer scharfen Nasenkante und kamen schließlich im Bart zu liegen. Da ruhten sie nun, im Tal ihrer Artgenossen, die ihre eigene Geschichte hatten.

Stille Macht

Es ist zum Schreien, wie facettenreich die Stille sein kann. Bücher und Vortragssäle wurden damit gefüllt, ebenso wie Klosterzellen und Eremitagen jedweder Glaubens- und Meditationsrichtung. Sie alle, ob aus Papier oder Fels, umkreisen das Schweigen als Praxis der Person, als Empfindung, gar Erlebnis, Prüfung oder Befreiung, versprechen immerhin und fast ausschließlich einen Mehrwert fürs eigene Leben. Umso mehr nimmt es Wunder, dass der herrschaftlichen Stille noch keine wirkliche Beachtung geschenkt wurde, jenem wohlgepolsterten Schweigen, das in den Vorzimmern der Macht und auch in deren Zentrum herrscht. In diesen Palästen – und es sind immer noch Paläste – dämpft schon jeder Teppich ein harsches Auftreten, selbst Männer in klobigen Stiefeln treten dort wie schüchterne Elevinnen auf, und selbst das eben trocknende Erdreich an den Absätzen löst sich leise und fällt andachtsvoll auf die Parkettmuster. Niemand brüllt hier oder schreit, gute Geister tragen Faszikel und Brieftürme schleichend von einem Zimmer zum anderen, kleine Grüppchen stehen in barocken Ecken und flüstern sich Allgemeinheiten zu. Und eben das Flüstern! Es ist der Ton der Macht, der Sound der Paläste. Auf den Einkaufsstraßen und Marktplätzen wird geschrien, wird gefeiert, gekeilt und gelacht, auf den Korridoren der Macht weht weiterhin ein Schweigen, dessen multimediale Heutigkeit den Staub der Jahrhunderte – wennzwar die Protagonisten mittlerweile aus NGOs stammen und mit hoheitlicher Verwaltung ganz unvertraut sind – nicht abwerfen kann, denn ebendieser Staub ist erste Insignie der Macht, selbst der abgeleiteten. Wer sich den Arkana der Macht nähert, den umfängt eine immer tiefere Stille, die fast handgreiflich wird und zum Vehikel der Macht selbst. Nicht mehr an Selbsterhöhung gibt es, als wenn sich jemand dem Monarchen nähert, und ihm etwas ins Ohr flüstert. Diese Geste wird von allen Umstehenden gesehen, von niemandem gehört und wirkt als Nobilitierung, dass solches überhaupt zugelassen wurde.

Beauskunftung

Im Alltag der Behörden trägt sich vielerlei Erstaunliches zu. Das graue Allerlei wird mitunter durch zarte Einsprengsel des Irrsinns gemustert, dessen Farben so reich sind wie die Unkenntnis der Staatsverwaltung durch die verwalteten Staatsbürger ärmlich. Eine kleine Impression gibt das folgende Telefonat, das, zu Schulungszwecken, am 13. September 20.., 09:34 Uhr, amtlich aufgezeichnet wurde:

- *Schönen guten Morgen, Staatsanwaltschaft Wien, was kann ich für Sie tun?*
- *Ja, also, guten Morgen, ich bräuchte jemanden, der sich auskennt.*
- *Das tun wir alle, das ist unser Job. Wobei denn, auskennen, können Sie da konkreter werden?*
- *Na, mit Datensicherung.*
- *Sie meinen Datenforensik?*
- *Eh vielleicht.*
- *Aber, um welches Delikt handelt es sich?*
- *Das weiß ich noch nicht genau. Bei welchen stellen Sie denn Laptops sicher?*
- *Ach, das ist ganz unterschiedlich. Strafrechtlich relevant muss es halt sein.*
- *Pornos schauen?*
- *Nein, da hätten wir viel zu tun, ist auch, üblicherweise, nicht verboten.*
- *Illegal Serien streamen?*
- *Das ist zwar nicht ok, aber würde unsere Behörden auch überlasten. Worum geht es denn nun genau?*
- *Also, schauen Sie, ich finde so viele Dateien auf meinem Laptop nicht mehr und lese immer nur, wie Sie Sachen*

finden auf Computern und Handys, an die sich ihre Besitzer nicht erinnern können – jetzt tät ich Sie halt brauchen, dass Sie mir die ganzen Sachen finden, an die ich mich nicht erinner, wo die sind, also wo ich die abgespeichert hab, wenn ich's hab. Oder unabsichtlich gelöscht. Dafür tät ich eben sogar was anstellen. Ich weiß nur nicht was. Vielleicht doch Pornos?
- *Ach, ich verstehe genau, was Sie meinen! Wissen Sie was?*
- *Was?*
- *Gehn's scheißen. Grüß Gott.*

Solcherart ward die Behörde ungewöhnlich deutlich, hatte ihre Kompetenzen nur um den Ausdruck freier Gefühlsäußerung und Anempfehlung leiblicher Erleichterung überschritten, und es ward gut, dass dies Gespräch zu Schulungszwecken, folgenden Generationen zur Lehre, aufgezeichnet worden war.

Herbst anders

Diesmal fielen die Blätter wirklich. Ohne Brimborium. Ohne Rilke. Ohne die Girlanden der Schwermut und den Jubel der Hinfälligkeit. Diesmal segelten sie von den Platanen und Ahornbäumen ohne jede Metapher auf den Asphalt, wurden überfahren, übergangen oder übersehen. Sie waren nackt, alt und vergilbt, welk und jeder Bedeutung entkleidet. Als die Dichter und Selbstmörder des Weges kamen, wurden sie ganz verzweifelt, denn kein Sinnbild wollte ihr Verlangen mehr füttern und nähren. Es war ein Jammer, all diese armen Menschen ganz ohne Bestätigung ihrer Melancholie dastehen zu sehen. Indes, den Blättern war dies einerlei in ihrer neuen Freiheit des Sterbens. Der Bindung an Stämme und Äste ledig, trieben sie im Wind heiter in das Glück der Endlichkeit. Und ja, die Blätter, sie fielen wie von selbst.

Horror Vacui

Große Beklemmung lösen leere Flächen im bürgerlichen Leben aus; und es ist schon bemerkenswert, dass Klemmendes lösen kann, nur so nebenbei. Oberflächen, von Kommoden, Tischen, Regalen, sie alle sind eine Bedrohung. Kaum wendet man sich von ihnen ab, hat es sich eine Staubschicht dort bequem gemacht. Staub! Dieses Lumpenproletariat häuslicher Zufriedenheit. Er verdeckt die polierte Fläche, fördert das Asthma und bindet die Kräfte der Putzfrau. Eine Erfindung des Teufels. Zumindest. Ganz abgesehen davon, dass die leere Oberfläche zum Sinnbild der Leere ganz allgemeiner und umfassender Natur wird. Als wäre alles um einen bereits weggestorben und man ginge stundenlang durch die sinnlos gewordenen Räume der Wohnung, streifte mit einem kraftlosen und sehr nach innen gerichteten Blick über ein Ehebett, einen Esstisch oder eine Sitzgarnitur. Anders: Die leeren Flächen der Kommoden nehmen ein fremdes Abschiednehmen vorweg, sie spiegeln es wider, und der Staub auf ihnen vielleicht wiederum das eigene. Und vielleicht müssen sie deshalb vollgestellt werden, bevölkert von Nippes, Porzellanpferden, Kerzenhaltern, Ikonen oder einer Menora. Und da die Dinge selten gerne allein bleiben, gesellen sich ihnen die nächsten zu, wodurch die sogartige Wirkung des An- und gar Zuräumens bedrohliche

Dimensionen annimmt; bis dann, wenn der letzte Staub tatsächlich fällt, kaum ein Plätzchen mehr frei ist.

Archäologie des Unsichtbaren

Die Vergangenheit an ihren steinernen Zeugen ablesen; an Mauern, Häusern, Wegen, Schwimmbädern. Viel mehr erfährt man von einer Epoche, wollte man das Ungebaute, genauer noch, das lesen, was sie aufgegeben hat. Wo die Bacchanalien der Abrissbirne, die fröhlichen Feste der Zerstörung gefeiert wurden, in diesen unsichtbaren Spuren der Verwüstung offenbart sich eine Zeit sehr ungeschminkt in ihrem Selbstverständnis und ihrer Rücksichtslosigkeit. In unserer wiederum geschichtsversessenen Gegenwart sind es dabei jene Bauten, deren Errichtung gerade einmal ein oder zwei Generationen zurückliegt. Ihr Stil scheint noch als Kränkung in das aktuelle Schönheitsideal hineinzureichen, ein Stachel im Fleisch der Architekten. Die Patina des Altehrwürdigen, die Schutzschicht der Nostalgie, all dies mangelt jenen Gebäuden, was sie zur leichten Beute der Stadtplanung macht. Freiwild ist heute, was in den 1960er- und 1970er-Jahren erbaut wurde, zu karg und zierlos steht es im reich prangenden Umfeld, das beileibe kein Feld ist, eher ein Friedhof der Stilrichtungen.

Donaukanal I

Wenn man nicht aufpasst, brüllen sie einen an. Löwen eben. Können sie auch nicht anders, selbst wenn sie aus Stein sind. Sie trennen an der Nussdorfer Wehr das Wasser. Was für eine Aufgabe! Fließt man, als Wasserteil, eher rechts, landet man im Kanal. Als linkes Wasserpartikel bleibt man im Hauptarm. Man möchte annehmen, dass es für die Teile und Partikel nicht immer leicht ist, diese Entscheidung zu treffen, allein, sie wird ihnen abgenommen durch dieses Fließen, das sich in seiner stillen wie monströsen Macht um Befindlichkeiten nicht kümmern kann. So geht denn der eine Teil durch die Stadt, der andere bleibt, wo er ist. Und eben dieses Bleiben ist dennoch ein Gehen, ein Hinweggehen, ein Passieren, wie es den Flüssen nun einmal eignet. Wenn auch nicht die tiefsten Wasser, so doch die stillsten, sie, die, anders als jeder See und jedes Meer, ihre Flüchtigkeit im Glanz der ruhigen Oberfläche verbergen. Euer Rauschen ist unhörbar, das Reißende verborgen. Ach, ihr Großmeister der Tarnung! Und dann sendet Ihr einen kleinen Teil Eurer selbst in die Stadt! Warum das? Des Bauwerks, der Löwen wegen, die so männlich dort wachen? Es wehrt doch eher ab. Oder findet sich gerade der mutige Teil von Euch nur im Kanal? Wenn ich auf der Franzensbrücke stehe, Euch zusehe, wie Ihr da fließt und rinnt und so voller Haltung seid, Ihr mutigen Tropfen und Wellen und stillen Wasser – ach, im Vorbeigehen, in dieser beiderseitigen Flüchtigkeit des Querens und Sehens und Abschiednehmens im ersten Kennenlernen, ich liebe Euch für diesen und einen gemeinsamen Moment.

Weihnachten

Im Dezember hingen die Misteln wie Christbaumkugeln in den kahlen Pappeln. Grün und leuchtend schmückten sie den Auwald. Am Boden leuchteten rot die Hagebutten in den ausufernden Dornbüschen. Ein Geschenk an Vögel, die vergessen hatten zeitgerecht in den Süden zu ziehen.

Falb

Falb. Was für ein Wort! Ein vergangenes, vergehendes. Ein klingendes, ein sprechendes. Das falbe Blatt kann nicht am Baum gefunden werden, das Falbe ist gefallen. Es liegt als Laub erst dunkelgelb leuchtend, dann braun am Boden. Es klebt sich mit Tau an die restlichen falben Blätter, die da eine Schicht bilden, über die hin und wieder ein Pferdehuf trabt. Im Nebel wirkt das Falbe fast wie ein Pastell, als hätte ein liebeskranker Maler zu viel Weiß in die Pigmente gemischt. Später im Jahr, wenn sich der Herbst nur mehr als Steigbügelhalter des Winters verdingt, formen sich morgens Eiskristalle auf dem falben Laub, lassen es für Minuten aufscheinen und glänzen, bis die fahle Sonne alles wieder matt werden lässt. Dann aber kommt zumindest ein wenig wieder der Duft hervorgekrochen, der dem Falben innewohnt und den es freigibt an jeden, der willens ist, die Freundlichkeit des Dämmerns freundschaftlich zu erwidern. Wenn die Kastanien von tobenden Kindern und kümmernden Eltern weggesammelt sind, bleiben immer noch die duftenden Inseln des falben Laubes, dessen Schönheit erst der Flieder gleichkommen wird, wenn sich im kommenden Frühling noch ein Auge findet, ihn zu betrachten.

Feine Klinge

Bei den Türken, sagt man, gab es, für höher gestellte Personen, für Männer in Ämtern und Ehren, denen in der Hitze des Gefechts ein berufliches Missgeschick unterlaufen war, eine Art der Hinrichtung, bei der während eines anregenden Gesprächs dem Delinquenten eine starke und dünne seidene Schnur um den Hals zugezogen wurde. Sie war so scharf, dass das Opfer seinen Tod erst bemerkte, als dieser schon eingetreten war.

Die Geschichte mag stimmen oder falsch erzählt sein. Doch so gilt es die feine Klinge der Kritik zu führen, so, die Sätze schmal werden zu lassen, bis sie unbemerkt und umso trefflicher – treffen.

Höfliche Bauernschaft

Die Bauernhöfe Tirols gleichen Trutzburgen. Aus Stein und Holz sind sie an den Hang montiert, wachen über den Grund und das Tal, und es ist, als hätte sich der Eigensinn ihrer Bewohner für die Ewigkeit materialisiert. Sie ragen aus den grünen Almwiesen des Stubai- oder Paznauntals dunkel und selbstbewusst, und stemmen sich trotzig gegen den Sog der steilen Hänge. Man fühlt sich an den Stutzen, also das Gewehr, des Tiroler Freiheitskämpfers Speckbacher erinnert, der auf ebendieser Waffe auf kleinem Silber und in Kurrentschrift eingraviert hatte: »Speckbacher unerschütterlich«. Genauso sehen die Höfe aus: unerschütterlich. »Ni Dieu ni Maître«, wollen diese Burgen sagen, nur der Dieu, das ist der einzige Herr, den ihre Bewohner anerkennen, was diese denn auch zu Tirolern und nicht zu französischen Anarchisten macht, was umso mehr zählt, als der Franzos dem Tiroler seit Napoleon sein natürlicher Feind ist.

Wie ganz anders geartet sind da die Höfe des Weinviertels oder des Burgenlandes ganz im Osten, die sich in langen, gewundenen Straßendörfern dicht an dicht aneinanderdrücken. Sie wirken wie verängstigte Mäuse, einer Katze gewärtig, derer sie nicht ansichtig werden, deren Gegenwart sie jedoch deutlich spüren. Ihre dunklen Fenster glotzen mit totem Blick auf die Bundesstraße, tagelang, nächte-, jahr- und jahrhundertelang.

Es sind Hausreihen, denen es lieber wäre, gar nicht sichtbar zu sein, sie kriechen am Boden entlang und verfügen gerade einmal über ein Erdgeschoß, und selbst dafür scheint sich die bröckelnde Fassade zu entschuldigen.

Sie gebärden – nein, sie gebärden sich gar nicht! – sie geben, sie ergeben sich wie Untertanen, wie Leibeigene eines mächtigen Fürsten, der mit Argusaugen darauf achtet, dass nur kein Hals zu weit aus der Menge ragt. Und das sind sie auch, Untertanen, denn immer noch herrschen über die Ländereien dieser Region die Liechtensteins und die Esterházys, als wäre der Feudalismus nie an sein Ende gekommen, ja als sei er geradezu neu erfunden, und ihre unsichtbare Präsenz bleibt Stein und Architektur wie zur Zeit ihrer Ahnen.

Literarische Skelette

Am leichtesten fielen ihm Anfänge ein. Und Enden. Eine unerwartete Dreistigkeit zu Beginn, verhaltenes Pathos, lakonisch vielleicht, am Ende – ja, so macht man das in der Literatur. Nur die doch beträchtlichen Passagen, die dazwischen angesiedelt gehören, kurzum, die eigentliche Geschichte, die vertrocknete ihm in der Feder oder gerann im besten Fall zur Wüste. Was Wunder, dass seine Aufzeichnungen einem Fischskelett glichen, dessen Kopf und Schwanzflosse noch vorhanden, dessen Mitte jedoch nur aus dürren Gräten bestand. Das Schmackhafte, das Filetstück, lag ganz offensichtlich außerhalb seiner Reichweite und Fangkünste.

Wortklaubereien

Im deutschen Wahlkampf fand es sich eines Tages in den Zeitungen wieder: das Wort »Triell«. Wiederkäuerisch wurde es aufgenommen und reproduziert, irgendwann kam sogar jemand auf seine Bedeutung, als über dem Text drei Spitzenkandidaten im Gespräch abgebildet waren.

Duell zu dritt; soweit so klar. Also das, was man aus dem Western »The Good, the Bad and the Ugly« kennt, wo sich im finalen Showdown Tuco, der Blonde und Sentenza am Friedhof wenig friedlich gegenüberstehen und keiner weiß (in dem Beispiel weiß es der Blonde sehr wohl, wie wir wiederum wissen), wer denn auf wen als Erster schießen wird. Im Film wird dergleichen »Mexican Stand-off« genannt, vor welcher Bezeichnung die Berichterstattung im deutschen Wahlkampf dann doch zurückzuschrecken schien. Und sicherlich wäre im Falle von vier Bewerbern von einem »Quarell« die Rede gewesen, wie die Untertitelung im Falle einer sogenannten »Elefantenrunde« aller Kandidaten ausgesehen hätte, mag sich die Sprachpolizei erst gar nicht ausmalen. Chancenlos sähe sie sich nämlich etwa einem »Elephantiell« gegenüber, das nur noch den redaktionellen wie sprachlichen Rückzug offenlässt.

Woran man allerdings sehr wohl gehen könnte, wäre, die schöne Form der punktgenauen Analogiebildung auf den Selbstzweifel auszudehnen, der ja auch nur ein Widerstreiten zweier Meinungen im eigenen Hirn ist. In solchem Falle von »Autell« zu sprechen, hätte schon einigen Reiz. Davon aber wären Politiker am wenigsten betroffen.

Rotes Hoch

Es war der 1. Mai 2018. Tag der Arbeit. Von den Loggien des Karl-Marx-Hofes wehten rote Fahnen, solche aus Papier, wie sie von der Partei wenige Tage zuvor versandt worden waren, und solche aus Stoff, wie sie sich in jedem guten Haushalt eines verdienten Parteimitgliedes befanden. Hunderte waren bereits zum Maiaufmarsch aufgebrochen, im Sonntagsanzug oder der Werkskleidung, in bunten Kleidern und mit wehenden Kitteln. Anders gesagt, es war der Tag der werktätigen Bevölkerung, die einmal im Jahr auf die Mauer der Sichtbarkeit kletterte.

Am späten Vormittag zog bald ein feiner Duft vom Herausbacken der Wienerschnitzel die Fassaden entlang, und auf der Wiese des Innenhofes hielten sich Kinder an den Händen und sangen, während sie im Kreis tanzten, mit glockenhellen Stimmen »Wir sind das Bauvolk der kommenden Welt«.

Ok. Stimmt alles nicht, war ein Scherz. Aber nach Schnitzeln roch es wirklich.

Nachruhm

Thomas Bernhard verkaufte im ersten Jahr von seinem Roman »Frost« gerade einmal 1.800 Exemplare, die Auflage des letzten Teiles von Nietzsches »Zarathustra« betrug im Eigenverlag gerade einmal 400. Wie tat ihm dies wohl, als er die Summe seines literarischen Könnens aus dem heimischen Drucker fallen sah.

Verhallen

Tage später ist die Stimme noch ganz präsent. Sie wandert noch im Kopf und ihr Klang, der nur noch Innen ist, fällt mitunter tief in die Magengegend hinab. Mit ihr kann ein Gespräch noch geführt, ein Gedanke ausgetauscht werden. Mit der Zeit aber wird sie blasser. Nicht etwa leiser, nein, das nicht. Aber ihre Gesichtszüge werden undeutlicher, nebeliger, austauschbarer. Man ist sich nicht mehr sicher, ob das Timbre ganz genauso oder doch eher so war, ob der Spott am Ende des Satzes die Augenbraue hob oder ob er fragend spitz wurde. Die feinen Fältchen der Stimme, jene dünngliedrigen Adern des Atems, für die es keine Partitur, ja überhaupt kein Zeichensystem je gegeben hat, sie verlassen den Kopf; die Magengrube bleibt sprachlos zurück.

Auftritt

Dort steht er eine Viertelstunde vor Beginn der Vorstellung. 1. Rang, links, Loge 7. Während sich der Saal langsam füllt, trippelt er in kleinen Schritten die Loge, im Englischen richtigerweise »box« genannt, auf und ab, schiebt die Stühle hin und her und kommt schließlich an der Brüstung zu stehen. Federnd verharrt er dort, die Arme schräg abgestützt, ein Lambda sieht, wer des Griechischen mächtig ist, und dann beginnt das Ballett, die Choreographie seines Kopfes, Fahrt aufzunehmen. Der nämlich neigt sich dem Parkett zu, wandert die Sitzreihen ab, hebt sich leicht und gleitet die gegenüber gestapelten Logen entlang. Parterre, 1. Rang, zweiter und dritter. Es ist, als suchte er eine bestimmte Person, als suchte er drei oder vier oder mehr Personen. Hin und wieder ist so etwas wie ein Nicken lesbar, doch es ist ein Fehllesen, denn dort, wohin der Kopf gewandt ist, steht gar niemand. Was er tatsächlich sucht, ist die Gegenrichtung, sind Blicke, die auf ihm ruhen, sekundenhafte Aufmerksamkeiten unbekannter Menschen. Sie sollen ihn endlich bemerken, registrieren, sie sollen ihn, den Hauptdarsteller, in seiner eng ummantelten und mit rotem Samt obszön ausgeschlagenen Schachtel entdecken, mehr noch, er wagt es kaum zu denken, dass sie ihm huldigen. Allein, der Akteur agiert ins Leere, niemand betritt die Loge für eine Nebenrolle, niemand zeigt Interesse an diesem Einpersonenstück. Wenn der Saal sich verdunkelt und das Spiel beginnt, endet sein kleiner Auftritt.

Alte Pizza

Die Pizzeria Nave liegt mitten in der Stadt, in deren historischem Zentrum und folgerichtig dort, wo das Leben in all seinen Ausformungen und Auswölbungen am teuersten, also hochpreisig, wie es mittlerweile heißt, ist. Weswegen neben den durch Reiseführer angelockten Touristen vor allem jene Gruppe von Menschen dort anzutreffen ist, die als wohlbetucht klassifiziert werden kann. Nur selten auch trifft man dort Menschen minderer Kleidung, und wenn, dann handelt es sich um einen Oligarchen im Trainingsanzug, der seine hochmotivierte Begleitung einmal ins Urtümliche ausführen will. Doch neben solchen Nebenfiguren kennt die Pizzeria Nave auch Stammgäste, die nicht den Italienischen Provinzen entstammen und dennoch wie Familie gelten. Ein altes Ehepaar etwa, das allabendlich die wenigen Treppen hinabstieg und gleichsam zu ebener Erde Abendessen ging. Beide waren sie grau, er gebückt und hinfällig, sie aufrecht und langsam. Und sehr grau, was durch die weiße Kleidung, die beide trugen, beinahe wie ein Schatten wirkte. Sie aßen drei Gänge, stets, wie es sich gehört, Suppe, Hauptspeise, Nachspeise. Und während er mit hellen Augen verkrümmt auf seine Frau sah, versuchte diese den Löffel langsam in die Suppe zu tauchen. Dann zog sie ihn sehr stetig gegen den Mund, zitterte leicht und suchte die Berührung mit der Unterlippe. Von dort zog sie den Löffel behutsam in sich hinein. Vom Auge her und pauschal und medizinisch würde man sagen: Schlaganfall, aber gerade noch davongekommen. Weniger kurz gegriffen war es eher die Fahrt einer Seilbahngondel, die langsam Fahrt aufnimmt, geführt und sicher ihren Weg zur Bergstation nimmt, um am Ende, gegen die seitlichen und unter ihr dahingehenden Abfederungen schleifend und pendelnd, nur ja niemanden, keinen Passagier und eben auch keinen Tropfen der Suppe zu gefährden.

Und dann, wenn sie dann, nach vielen Berg- und Talfahrten des Löffels fast das Ende des Suppentopfes erreicht hatte, nahm ihn der Mann, sammelte die verbliebenen Tropfen noch auf und schenkte sie seiner Frau als Liebesgabe, fast so wie am ersten Morgen vor 50 Jahren.

Story-telling

Er konnte Geschichten erzählen wie nur einer. Das stimmt jedenfalls. »Ja, *der* kann Geschichten erzählen«, so tönte es aus der Damen Munde, voll Be- und Verwunderung, während sie sonst das Argument gröber geschnitzter Männlichkeit zu fesseln vermochte.

Und tatsächlich gelang es ihm, aus einem Windhauch einen Tornado zu zaubern, aus einem zufälligen Fund eine schicksalshafte Fügung, und aus einer Hausinschrift ein Lebensgefühl entstehen zu lassen. Seine Worte kleideten die Damen in Seide, wo sonst nur Tweet und Twitter zu gewärtigen gewesen wären, er vermochte es, sie zum Lachen zu bringen, ja, zum Lachen! Dergleichen kannten sie sonst nicht und vor allem nicht mehr.

Dann, unweigerlich, baten sie ihn, seine so präzisen und tiefen und amüsanten Geschichten doch aufzuschreiben, ganz so, wie Robert Redford die Meryl Streep in »Out of Africa« dies bittet, wobei er ihr einen Waterman-Füller geschenkweise überreicht. Und sie, also die Streep, also in Wahrheit, die Blixen, schreibt ja dann auch, sonst gäbe es den Film auch nicht, der doch auf dem Geschriebenen von der Blixen beruht, von dem man annehmen will, dass es dem goldenen Füller von Redford, jetzt wieder im Film, entsprungen war.

Sei es wie es sei.

Jedenfalls zogen die Wochen und Monate hin, und tatsächlich begann er, diese großen Imaginationen, die ihm wie Luft über die Lippen kamen, aufzuzeichnen. Damit jedoch trat er in einen Raum, dessen Größe er nicht kannte und dessen Ecken ihm fremd waren. Denn im Lesen der eigenen Geschichten wurde es ihm so wie den Damen, und er hing bald an seinen eigenen Lippen und verfing sich in sich selbst.

In der Folge schrieb er nur noch, um sich selbst am Klang seiner Worte zu berauschen, und es war eine Droge, die ihn immer weiter in sich hineinzog und die Seide seiner Kunst warf er sich, wenn`s denn überhaupt nach außen ging, selbst um die Schultern.

Es war daher kein Wunder, dass die Damen sich wunderten, aber ergeben zur Kenntnis nahmen, dass von ihm kein Interesse mehr ausging und sie sich daher in alter Gewohnheit in die Arme der gröberen Hölzer warfen. Auch hatten sie es doch auch immer gewusst, dass die hohen Geister, die Literaten allen voran, der Einsamkeit bedürfen, und deren Alleinsein erst die schönsten Blüten der Literatur erhoffen ließ, die sie so liebten.

Haifischliebe

Von Haien sagt man, dass sich, einmal an Land geschwemmt, ihre Gedärme verknoten, weswegen sie, selbst gerettet und wieder im Wasser, dennoch elend verenden. Ob sich dies tatsächlich so verhält, ist ungewiss. In Liebesdingen aber ist es so. Gewiss.

Zenons Stunde

Als es mit dem Philosophen Zenon ans Sterben ging, setzte er sich auf eine Felsklippe über den Grotten bei Syrakus und sah über das immer gleiche blaue Meer. Alsbald kam der Tod, grüßte freundlich, wie es seine Art ist, und unterrichtete Zenon vom bevorstehenden Ende. Da sah der alte Weise auf, erinnerte sich in dieser selbst für durchtrainierte Philosophen bangen Stunde seiner von allen Gelehrten ehrfurchtsvoll memorierten Paradoxa und sagte in einem zur Brüchigkeit hin kippenden, sonorem Ton: »Siehe, dort ist die Klippe, der Abgrund. Ich will, wenn es Deine Zustimmung findet, jeden Tag die Hälfte des Weges dorthin zurücklegen. Es sind nur etwa fünf Meter und ich werde, wenn ich die Kante erreicht habe, in die See und in das Schattenreich stürzen, ganz so, wie die Natur es befahl.« »Du Sophist«, sagte der Tod ein wenig schalkhaft. »Ich bin kein Sophist!«, warf ihm Zenon zurück, und seine Wangen wurden dabei jugendlich und rot. »Nie noch habe ich von Schülern Geld verlangt, es ging mir stets nur um Weisheit, nicht um Einfluss oder Reichtum.« »Ach, lass gut sein«, sagte der Tod, »es war nur eine Metapher«, und er setzte jenes wissende Lächeln auf, das ihm seit Menschengedenken am besten zu Gesichte stand. »Ich denke nur an die Schildkröte, die einst Achill im Wettlauf besiegte. Er ist tot, sie lebt immer noch in der Nähe von Elea, wie Du vermutlich weißt. Sie lief auch immer nur die halbe Strecke.

Aber Du, Zenon, Weisester der Weisen, solltest auch eines wissen: Der Tod ist kein Wettlauf. Er ist ein Sprung. Ich bin ein Sprung.«

Weg

Jeder von uns geht seinen eigenen schmalen Gang entlang, mit dem Rücken voran ohne Ahnung wohin. Vorsichtiger werden die Schritte mit den Jahren, zögerlich, dass man eventuell nicht zu rasch ans Ende gelangt. Und immer mehr in den Blick geraten die Türen des schon durchschrittenen Korridors. Nicht alle sind geschlossen, doch das Auge haftet nur auf diesen. Und die Ferse weht im nächsten Schritt ein Hauch an. Ist dies die Wand?

Drosophila III

Mit kräftigen Zügen durchquerte die Drosophila das Weinglas, nahm einen Schluck, dann einen zweiten und wurde fließend ein paddelndes Insekt. Die Verwandtschaft klebte staunend am bauchigen Glasrand und sah der Übung verwundert und im Innersten zitternd zu. Als ein faltiger Finger die Oberfläche durchbrach und den dunklen Punkt aus der Flüssigkeit fischte, gab es wenig zu retten, außer den Wein. Vielleicht. Die Verwandtschaft der Drosophila indes war ausgeflogen und wohnte der Bergung nicht mehr bei.

Literaturen

Erst verließ er sie, dann sie ihn. Und dann wieder nicht. Das ging so eine Weile hin und her. Als es dann endgültig wurde und die Liebe wie ein Phantomschmerz über ihnen zusammenschlug und auch das letzte Streicheln schlichtweg nicht mehr anzunähen war, blieben zwei Bücher wie Testamente ihrer einstigen Innigkeit in den Buchhandlungen liegen. Auch dort streng getrennt, wie Prosa und Lyrik eben, wie Grabinschriften in ganz unterschiedlichen Sprachen. Kein Wunder, wenn Dichter sich trennen.

Bialetti oder die Liebe zum leeren Versprechen

Die Firma Bialetti, die Familie Bialetti, hat die magische Maschine, die aus Dampf Kaffee zaubert, nicht erfunden, es ist ihr jedoch gelungen, aus dem Familiennamen eine Gattungsbezeichnung zu machen. Und nicht nur das. Die Bialetti steht trotz des mittelmäßigen Genusses, den sie zu erzeugen in der Lage ist, für Italianità in unverfälschter Form. Ganz so wie die Hits, die einen an der Adriaküste jeden Sommer beschallen oder die Vespa, mag der Motorroller auch aus Indien stammen, oder der Dino, jene billigste Ausgabe eines Ferrari, der bei Abiturienten aus betuchtem italienischem Hause ebenso überraschend wie erwartet nach dem Examen vor der Haustüre steht. Billiger gibt es da die Bialetti, was nicht bedeutet, dass sie sich auf den Lorbeeren des Massenkonsumes ausruhen könnte. Fast jedes Jahr präsentiert sie eine neue Sensation, eine neue Errungenschaft, ein Musthave, wie es auf Italienisch heißt. Auf Deutsch seltsamerweise auch. Einmal ist es die Kaffeekanne, die wie durch Wunderhand einen Cappuccino hervorbringt, vor Freude schäumende Milch inklusive, einmal jene Kanne, die mit der Fähigkeit wirbt, unnachahmliche Crema zu produzieren.

Ankündigung und Versprechen lesen sich wie die Verheißung nie enden wollender Küsse am nächtlichen Strand, das Erwachen gleicht dem Morgenkaffee aus einer deutschen Filtermaschine.

Und dennoch überwiegen, wie am Strand, die Liebe und die Neugierde, selbst angesichts des Wissens, was einen am Tage darauf erwartet.

Gewetter

Ein Blitz schlug in die Donau ein. Vermutlich traf er einen Hecht. Sein Leuchten war rasch und für Wiener Verhältnisse sehr entschlossen. Vermutlich ein deutscher Blitz.

Um besser gesehen zu werden, hatte sich der Himmel in eine stahlgraue Marmorplatte verwandelt, die einen davor warnte, das Haus zu verlassen. Die Blitze wurden häufiger und führten nun auch den Donner an der kurzen Leine hinter sich. Als es schließlich schwarzdunkel wurde, begann der Tag.

33–1889

Wollte man dem Christentum ein Wappentier finden, es wäre kaum der Fisch oder das Lamm, oder gar das Kreuz. Es wäre das Pferd. Jenes, auf dem Paulus von Tarsus gegen Damaskus ritt, als ihn die Information Gottes über seine Bekehrung von ebendiesem herabfallen ließ, was sich denn auch gleich in einer sprichwörtlich gewordenen Namensänderung niederschlug. Dies soll sich im geschichtsträchtigen Jahre 33 ereignet haben, weswegen das Christentum, welches Paulus durch seine Öffnung zu den Heiden hin denn im eigentlichen Sinne erst schuf, dieses Datum auch als eine Geburtsstunde genannt sehen darf. In den Folgejahren ging es dann um die Popularisierung des Glaubens, die Entfaltung seiner reformerischen Kraft und die Ausformung einer ebenso elastischen wie widerstandsfähigen Institution, der Heiligen Römischen Kirche. Und so, wie ein Pferd am Beginn des Christentums stand, so findet es sich auch am Ende, als nämlich der Baseler Philologieprofessor Friedrich Nietzsche einem Kutschgaul in Turin um den Hals fiel. Dies ereignete sich im Januar des Jahres 1889 und zeigt anschaulich jene Umwertung der Werte, die auszuformulieren der sensible Professor sonst schuldig blieb. Der Kutscher, der das späterhin umschlungene Pferd misshandelt, ist wahrlich der letzte und hässlichste Mensch. Das Pferd in seiner puren Gegenwart ein Ja-und-Amen-Lied. So zeigen sich die 1856 Jahre des Christentums als Reise von Damaskus nach Turin und als die Geschichte zweier Pferde.

Fressende Pflanzen

Im Juni hieb mir der Philodendron Blätter um die Ohren als wollte er das Kommando übernehmen. Was für ein Glück, dass er immer noch lose verwurzelt in seinem Tontopf saß und auf sein Futter wartete. Was ihn nicht daran hinderte, sondern gegenteilig eher beflügelte, immer neue schwingenartige Blätter auszuformen, deren zunehmend raumgreifende Dominanz mehr und mehr spürbar wurde. Der Weg zum Fenster war bald verwehrt. Wenig später jener zum Bücherregal. Die übrigen, schüchtern verbliebenen Zimmerpflanzen waren denn alsbald nur noch sporadisch zu gießen, da sie in einem mittlerweile abgeschirmten Teil des Zimmers kauerten und angsterfüllt auf die wuchernde grüne Wand starrten. Ihre Situation war aussichtslos, weswegen sie selbst bei aller botanischen und rhetorischen Zuneigung nicht mehr am Leben zu halten waren. Inzwischen wuchsen die Pranken der grünen Raubkatze mächtig an. Als der Arbeitstisch zugewachsen war, rettete ich den Computer in die Küche, schrieb Rezepte auf und auch ab und verbrachte mehr und mehr Zeit neben den köchelnden Töpfen. Irgendwann, ich kann nicht mehr sagen wann dieser Zeitpunkt war, verbrachte ich auch die Nacht in der Küche und hüllte mich in die verbliebenen Geschirrtücher ein. Mir war mitunter, als müsste ich mir eine Machete anschaffen, um die unwiderrufliche Inbesitznahme der Wohnung durch den Philodendron zu verhindern. Und als ich späterhin diesen Entschluss tatsächlich fasste, war er nicht durchführbar, denn auch der Weg aus der Küche heraus ward verwehrt.

Abend

Glernt is glernt, sagt man in Wien, und daher ist auch das Universum davor nicht gefeit. So zog die Sonne in den Abend, als hätte sie ihr Leben lang nichts anderes getan. Zumindest eine gewisse Routine war dem dottergelb leuchtenden Kreis nicht abzusprechen, als er in schmerzhaft schöner Ruhe den Rücken des Kahlen- und Leopoldsberges berührte. Selbst ein Flugzeug, das mit seinem Kondensstreifen die Himmel scharf teilte, beirrte sie merklich nicht. Dann wuchs die Bergkette und schnitt dem kreisrunden Flammen eine Kuppe ab. Dann noch ein Stück und noch eines. Was Wunders, dass sich ein blutleuchtender Streifen über die Rücken der Hügel legte und zerrann. So ging es fort und dunkelte nach wie eine älter werdende Wunde. Aber selbst als die Sonne ganz schon gänzlich verdeckt war, zog ihr Leuchten noch immer durch die Straßenfluchten, als hätte sie ein Rettungspaket gegen die Finsternis hinterlassen, einen Anker für das Erwarten der Morgendämmerung.

Nagelprobe

Verfeindete Clans, das sind meine Finger. Wie Hellebarden wurzeln sie in der Hand und recken die scharfkantigen Nägel in den Himmel. Es ist jedes Mal ein Wettlauf, wenn nach dem Schneiden der Nägel diese neu zu wachsen beginnen, eifersüchtig und ehrgeizig ist jeder Finger darauf bedacht, mit der längsten und gefährlichsten Spitze zum Turnier zu erscheinen.

Der durch seine Körpermasse in sich ruhende Daumen geht mit Selbstbewusstsein und im Wissen um seine

Sonderstellung scheinbar gelassen ins Rennen. Unbeirrt geht er seines Weges, stetig und ohne je außer Atem zu kommen.

Am anderen Ende der Skala sprintet der Kleine Finger los, unruhig, fast zitternd, betritt er die Bahn und startet los zur Aufholjagd. Rasant wächst sein Nagel, und wenngleich er die Ziellinie noch nie als Erster passierte, der Wille und Glaube, dass dies gelingen mag, er verleiht dem Kleinen Finger über sein Maß hinaus Kräfte.

Aus der Poleposition geht der Mittelfinger ans Werk, er wirft bloß einen flüchtigen Blick über die Schulter zu seinen Verfolgern hin und zieht seinen Nagel mit Ruhe und Konsequenz heran. Er denkt nicht daran, den fast sicheren Sieg aus der Hand zu geben, dem Wettstreit selbst tut dies jedoch keinen Abbruch.

Außer Konkurrenz verweilt der Ringfinger. Gelassenheit und mehr noch Eitelkeit machen ihn zu einem schwachen Gegner, besteht doch der Lorbeer, den er erringen möchte, im goldenen Reif, der ihn einst nach der Trauung schmücken und über alle anderen Finger erheben soll. Sein Augenmerk gilt einer polierten Oberfläche und einem glatt verlaufenden Nagelbett. Er ist der Schöngeist unter den Fingern und tut nichts, um diesen Ruf zu korrigieren.

Seinen Gegenpol bildet der Zeigefinger, ein Wüstling, der wenig auf sich achtet. Stets deutet er auf andere, seine Nagelkante ist rissig und bricht andauernd ab. Schon deswegen kann er den Wettstreit nie gewinnen. Gerne würde er mit seiner überbordenden Kraft die übrigen Finger stechen und kratzen, nur eben erreicht er von sich aus nur den Daumen, dessen dickes Phlegma er nicht zu durchdringen vermag.

So geht es tagaus und tagein; mit den Fingern; an meiner Hand. Und es gleicht fast einem Wunder, mit diesem chaotischen Haufen am Arm einen Haltegriff in der Straßenbahn umfassen zu können.

C

Kleinstigkeiten

Epistel

Jeden Tag ging er zum Briefkasten hin, es war ein Altar, ein Schrein, eine Ikonostase. Und all seine Wallfahrten zum grauen, blechernen Tabernakel endeten immer gleich und konsequent buddhistisch; vor dem Nichts, das sich im Innersten befand.

Tauben

Zum Schutz vor den Tauben hatten sie silbern glänzende Plastikstreifen am Balkon des Geländers befestigt. Die taten denn auch ihre Wirkung, sodass der Balkon bald zum Spielplatz junger Elstern wurde.

Midlife

Die Brüste hingen schon ein wenig tief und zeichneten sich schlaff und fett unter dem T-Shirt ab. Aber was kann man anderes erwarten, bei einem Mann von fuffzig Jahren?

Jüngstes Gericht

Manch Wirt wird zum Verhängnis beim Jüngsten Gericht sein letztes.

Wiener Entwicklung

Über ein Leben in Wien helfen nur Wein und Gespräche hinweg. Der Wein ist jedenfalls in den letzten Jahren besser geworden.

Botanik

Wer flach wurzelt, sollte kein Baum werden wollen.

Fuge

Im Getrennten das Gemeinsame bewahren – wie der Liguster im Winter mitunter von seinen Blüten träumt.

Einbahnstraße

Der Athener Autoverkehr lehrt, die Arbitrarität der Zeichen zu verstehen.

Treue

Wenn man nach Jahren seine Mailadressen durchgeht, und all die Toten nicht löschen kann.

Die Zeit flieht

TEMPUS FUCK IT

Magische Sprache

In Wiens Zweitem Bezirk befindet sich die Gabelsbergergasse. Sie ist besonders kurz.

Geschlechtergerechtigkeit

Der ganze Genderwahnsinn begann damit, dass die Pelikan-Füllfedern für Kinder ab 1970 in Rot und Blau angeboten wurden.

Ex aequo

Alles am Menschen ist ein Gottesbeweis. Bis auf seine stupende Blödigkeit. Diese miteingerechnet, steht es zumindest unentschieden.

Dürre

Lernen an den Pflanzen, die fast ohne Wasser erst gedeihen. Am Weniger wachsen.

Oasch Patriotismus

In Österreich sitzt man zwangsläufig zwischen zwei Stühlen. Aber immer noch auf einem Sessel.

Weimarer Liebe

Auch wenn er gerne Assmannshäuser Rotwein trank: Bei Goethe ist Hopfen und Malz – gewonnen.

Ein Bahn

Das Leben auf neue Geleise stellen. Ja. Auch Abstellgeleise sind Geleise. Nur eben leise.

Schreiben, dann mal

Endlich tropfte der Wasserhahn. Das Tiefkühlfach musste dringend abgetaut werden. Die Zimmerpflanzen hatten Schädlingsbefall und der Lurch tummelte sich beflissen in den Zimmerecken. Eine Heerschar hinlänglicher Gründe, um den Schreibtisch zu verlassen.

Vor Troja

König Salomon, biblisch gerecht, ward in seinem Urteil wahrlich salomonisch. War der Trojaner Hektor in seinem letztendlich sich gegen ihn selbst wendenden Todesrausch also zu hektisch?

Loos lassen

Nicht Tuch, Gelassenheit kleidet einen Mann.

Automatenliteratur

Der Ausgebung wegen – wartet der Dichter auf die Eingebung.

An die Cloud

Kann ein Grenzfluss »durch« ein Land fließen?

Baron Wienhausen

Unter Vorspiegelung wahrer Tatsachen schrieb ich ein Liebeslied über Wien.

Sätze

Mit einem wagemutigen Satz sprang er über den Fluss. Es war ein Hauptsatz. Weiter kam er nicht, denn er begann zu zögern. Es war ein Relativsatz. Besonders der rechte Schuh war auch in Mitleidenschaft gezogen. Es war ein Absatz.

Laut e

Der Wind pfiff ums Haus als hätte John Cage ein Crescendo geschrieben.

Ostalgie?

Dringend musste er sich einen neuen Stadtplan von Wien kaufen. Auf dem alten war noch die DDR eingezeichnet.

Skepsis

Jeder falsche Satz hat nur eine Zeile.

Ein Vorheriges

Ich habe deine Sprache gestohlen, ich atmete sie kurz in einem Kuss ein, lang sogar, fast, und schrieb ein Buch wie ein Hauchen aus deinen Lungen. Dann war diese Luft verbraucht, mein Brustkorb Vakuum, ein leerer Sack; und ich stolzierte stolpernd in mein vorheriges Schweigen.

Philanthropie redimensioniert

Bin ich unter Menschen, fühl ich mich einsam.

Unverstanden

Zum Glück gibt es selbst in Österreich immer noch Ereignisse, die mir Land machen in dieser Angst.

Adam

Ein Roman ist ein Haus, in das man sich notfalls verkriechen kann. Ein Aphorismus hingegen taugt nicht einmal als Lendenschurz.

Blütenpracht

Wenn der Flieder dieses Jahr wie all jene zuvor zu spät blüht, kann es dann sein, dass er nie zu spät blüht?

Am Wesen genesen

Nur in Österreich nennt sich ein Schmerzmittel auf der Basis von Ibuprofen »ratioDolor«. Wobei fraglich bleibt, ob diese zauberhafte Substanz nun die Schmerzen der Vernunft lindert oder den Schmerz durch Zurückfahren der Rationalität. Ein Blick auf das Land legt jedenfalls eine Antwort nahe.

Musica aeterna

Wer einmal, nur einmal, das Lied über den Hund, der dem Koch ein Ei stahl, zu Ende singen wollte, lebte ewig; hätte es diesen langen Lebtag lang aber mit nichts anderem als Diebstahl, Mord und Trauer zu tun.

Hut ab

Wessen Kopf eines Hutes bedarf, der sollte sich einer französischen Lösung besinnen.

In einer Zeit vor Google Maps

Der Ort, wo du hinwillst, liegt immer dort, wo der Stadtplan geknickt ist.

Altphilologie

Bin ich mit meinem Latein am Ende, plapper ich Griechisch.

Inhalt

A
Diverse Tode

Nachts auf der eisernen Brücke 7
Lisas Auge 9
Das erleuchtete Fenster 13
Letale Entschuldung eines Gemeindebediensteten 17
Ein Dorf 20
Die Einäscherung des Hofrates Berger – Bericht 26
Meine zugige Wohnung 33
Poesie der Pornographie oder Adalbert geht stiften 40
Erdäpfel 48
Besuch 52
Vesper 54
Staatskunst 60
Das Gähnen Oblomow 62
Das geheime Dokument 70

B
Kleinigkeiten

Bataille d'Essling 79
Ohnglücksklee 80
Sturm Schweigen 81
Donau neu 81

Die Schaumgeborene 82
Karfreitagszauber 82
Vespa 83
Gehörige Bestie 84
Nur der 31. Mai 85
Ruthenen. Zum 24. Feber 2022 86
Zwei Ebenen 86
Sterben wörtlich 87
Verfrühter Frühling 87
Donaukanal II 88
Buchen! 89
Pan 90
Poet eben noch 90
Dunkle Partnerschaft 91
Sturmtief 91
Trauermücke 92
Morgen der Hyäne 93
Bürounzeiten 93
Nicht Meer 94
mundus novum 95
44:15 95
Katzenliebe 96
Preußisches Läuten 96
Weihnachten 97
Feldwege 97
Cage 98
Apokalypse 98
Feine Masche 99

Bautradition	100
Auskommen	101
Band am Strome	101
Plastik im Ozean	102
Deine klamme Hand	103
Teammeeting	103
Im Anfang	104
Ole Anders	106
Ölschlangen, Ölkirchen	107
Winter in Peking	108
Zensur	108
Sozialtraditionen	109
40 Tage	109
Vakuum	109
Facialer Alpinismus	110
Stille Macht	110
Beauskunftung	112
Herbst anders	113
Horror Vacui	114
Archäologie des Unsichtbaren	115
Donaukanal I	116
Weihnachten	117
Falb	117
Feine Klinge	118
Höfliche Bauernschaft	118
Literarische Skelette	120
Wortklaubereien	120
Rotes Hoch	121

Nachruhm ... 122
Verhallen ... 122
Auftritt ... 123
Alte Pizza ... 124
Story-telling ... 125
Haifischliebe ... 126
Zenons Stunde ... 127
Weg ... 128
Drosophila III ... 128
Literaturen ... 129
Bialetti oder die Liebe zum leeren Versprechen ... 129
Gewetter ... 130
33–1889 ... 131
Fressende Pflanzen ... 132
Abend ... 133
Nagelprobe ... 133

C
Kleinstigkeiten

Epistel ... 137
Tauben ... 137
Midlife ... 137
Jüngstes Gericht ... 137
Wiener Entwicklung ... 138
Botanik ... 138
Fuge ... 138
Einbahnstraße ... 138
Treue ... 138

Die Zeit flieht 139
Magische Sprache 139
Geschlechtergerechtigkeit 139
Ex aequo 139
Dürre 140
Oasch Patriotismus 140
Weimarer Liebe 140
Ein Bahn 140
Schreiben, dann mal 141
Vor Troja 141
Loos lassen 141
Automatenliteratur 141
An die Cloud 142
Baron Wienhausen 142
Sätze 142
Laut e 142
Ostalgie? 143
Skepsis 143
Ein Vorheriges 143
Philanthropie redimensioniert 143
Unverstanden 144
Adam 144
Blütenpracht 144
Am Wesen genesen 144
Musica aeterna 145
Hut ab 145
In einer Zeit vor Google Maps 145
Altphilologie 145

Über den Autor

Meinhard Rauchensteiner, geboren 1970 in Wien, Studium der Philosophie, auf der Angewandten und der Akademie für bildende Künste. Schrieb für die »Frankfurter Hefte« und den »Morgen«. Seither Veröffentlichungen in Tageszeitungen und Periodika. Lehrte sieben Jahre an der Universität für angewandte Kunst Wien. Arbeitet seit 20 Jahren in der österreichischen Präsidentschaftskanzlei, zuletzt als Abteilungsleiter für Wissenschaft, Kunst und Kultur.
Bücher u. a. »Das kleine ABC des Staatsbesuches« (2011, Neuauflage 2020), »Gegenverkehr« (2021); Filme u. a.: »Papa Roma« (UF Diagonale 2020), »Der Antifaschistische Zoo« (UF Diagonale 2022).